기도

101 Qeustions & Answers on Prayer

Joseph T. Kelly

Copyright © 2008 by Joseph T. Kelly
Korean translation copyright © 2013 by ST PAULS, Seoul, Korea

기도
질문과 답

1판 1쇄 2013. 10. 9
1판 2쇄 2015. 7. 23

글쓴이 조지프 T. 켈리 **옮긴이** 박금옥
펴낸이 서영주 **펴낸곳** 성바오로
총편집 한기철 **편집** 김정희, 채은현
디자인 김서영, 박지현 **제작** 김안순
마케팅 김용석 **인쇄** 세진
출판등록 7-93호 1992. 10. 6
주소 서울특별시 강북구 오현로7길 20(미아동)
교회인가 2013. 7. 3
SSP 974

취급처 성바오로보급소 **전화** 944-8300, 986-1361
팩스 986-1365 **통신판매** 945-2972
E-mail bookclub@paolo.net
www.**paolo**.net
www.facebook.com/**stpaulskr**

값 9,000원
ISBN 978-89-8015-822-5

이 도서의 국립중앙도서관 출판시도서목록(CIP)은 서지정보유통지원시스템 홈페이지(http://seoji.nl.go.kr)와 국가자료공동목록시스템(http://www.nl.go.kr/kolisnet)에서 이용하실 수 있습니다. (CIP제어번호 : CIP2013018878)

> 이 책은 저작권법의 보호를 받으므로 무단전재와 무단복제를 금합니다.
> 이 책 내용의 전부 또는 일부를 재사용하려면 반드시 저작권자와 성바오로출판사의 동의를 얻어야 합니다.

질문과 답

조지프 T. 켈리 글

박금옥 옮김

폴 키스 신부에게 이 책을 바칩니다.

감사의 말

많은 친구들, 동료들의 격려와 조언 덕분에 이 글을 마칠 수 있었다. 그들은 미처 알아차리지 못했지만 내게는 큰 도움이 되었다. 메리맥 대학Merrimack College 지인들을 비롯해, 마크 올맨Mark Allman, 케이와 질 드부로Kay and Gil DeBurro, 케빈 드와이어Kevin Dwyer OSA, 캐시 피츠패트릭Kathy Fitzpatrick, 에이프릴 가네April Gagne, 랍비 로버트 골드스타인Robert Goldstein, 헬렌 하니간Helen Hanigan, 리차드 헤네시Richard Hennessey, 빅토리아 이초Victoria Izzo, 워런 케이Warren Kay, 바바라 라찬스Barbara LaChance, 아서 레두Arthur Ledoux, 게리 맥클로스키Gary McCloskey OSA, 조지안 메돌Georgianne Medor, 팀 몽고메리Tim Montgomery, 조지 몰간George Morgan OSA, 포릭 오헤어Porig O'Hare, 브리짓 로딩Bridget Rawding, 스티브 셰바스키Steve Scherwatzkey, 짐 웬젤Jim Wenzel OSA 등 모든 분들에게 깊이 감사한다.

여러 해 동안 성아우구스티노회의 수사님들과 수녀님들의 도움으로 기도 생활을 통해 성장할 수 있었다. 특별히 처음 스승이었던 밥 앤드류Bob Andrews, 돈 버트Don Burt, 조 두피Joe Duffey, 브라이언 로우리Brian Lowery, 이탈리아 산 지미냐노의 얀 윌손Ian Wilson, 시에나 근처 레체토Lecceto의 오래된 성아우구스티노 관상 수도회 수녀님들에게 감사의 인사를 드린다.

나는 항상 부모님께 깊이 감사한다. 그분들에게 전해 받은 신앙과 기도의 가르침이 이 책에 온전히 반영되었기를 간절히 바란다. 항상 나를 사랑해 주고 지지해 준 아내 알리나와 아이들, 카시아Kasia와 패트릭Patryk에게도 한없는 고마움을 전한다.

성바오로출판사Paulist Press의 크리스토퍼 벨리토Christopher Bellitto 박사는 여러 해 동안 줄곧 편집자로 수고해 주었다. 내 글을 검토하고 더욱 풍요롭게 만들어 주었다. 벨리토 박사의 지성적이고 영적인 동반에 감사한다.

끝으로, 이 책을 성 미카엘 성당(매사추세츠 주 노스앤도버 소재)의 폴 키스Paul Keyes 신부님께 바친다. 사랑 많은 폴 신부님은 깊은 신앙과 사제로서의 사목 활동과 지속적인 기도로 많은 사람들의 삶에 영향을 주었고, 나도 그들 가운데 한 사람이다.

2007년 8월 28일
조지프 T. 켈리

차례

감사의 말 · 06

들어가는 말 · 17

1부 기도와 믿음 ; 누구에게나 있는 근본적인 질문들 · 25

1. 기도는 무엇인가? · 27
2. 기도는 하느님께 이야기하는 것인가? · 29
3. 나는 하느님께 무슨 이야기를 할 수 있나? · 30
4. 이미 모든 것을 다 알고 계시는 하느님께 나의 생각과 느낌들을 표현하는 이유는 무엇인가? · 31
5. 평소 말하는 것처럼 기도해도 되는 것인가? · 32
6. 아무 말도 하지 않으면서 기도할 수 있는가? · 34
7. 기도를 매일 해야 하는가? · 35
8. 잊어버리고 기도를 하지 않으면 어떻게 되나? · 38
9. 내가 기도할 때 하느님께서 들으신다는 것을 어떻게 알 수 있나? · 39
10. 기도로 청했지만 받지 못한 적이 있다. 왜 하느님께서는 응답해 주지 않으셨을까? · 40
11. 하느님께서는 정말 내 말에 관심을 갖고 계신가? · 41
12. 되찾은 아들의 비유는 우리에게 큰 위로가 된다. 하지만 때로는 내가 충실했음에도 불구하고 무시당했다고 느끼는 큰아들과 더 닮았다고 생각한다. 왜 때때로 하느님께서 나를 무시하신다는 마음을 가지는가? · 42

13. 가끔 중요한 결정을 내려야 할 때 기도한다. 좋은 생각인가? · 45
14. 기도가 나를 더 좋은 사람으로 만들어 주는가? · 47
15. 기도는 내가 죄를 짓지 않도록 지켜 주는가? · 48
16. 누구나 가끔씩 하느님에 대해서 생각한다. 그런데 내가 정말 기도하고 있다는 것을 어떻게 알 수 있을까? · 50

2부 기도와 종교 ; 기도를 인식하려는 노력과 한계 · 53

17. 공식적인 종교 예절이나 예식을 기도라고 생각할 수 있는가? · 55
18. 공적 기도가 개인적인 기도보다 더 낫고 더 강력한가? · 56
19. 공동 기도와 개인 기도의 주된 차이점은 무엇인가? · 57
20. 다른 이들과 함께하는 공적 기도는 나의 개인적인 기도에 도움을 줄까? · 58
21. 공식 예식 중에 기도를 하면서 지루해하거나 분심에 빠지는 것은 잘못인가? · 59
22. 왜 어떤 종교 예식들은 다른 종교 예식보다 더 매력적이고 풍성한 영감을 주는가? · 60
23. 어릴 때 배우고 외운 기도문들을 어른이 되어도 사용할 수 있을까? · 61

24. 기도할 때 무릎을 꿇는 것이 더 좋을까? · 62
25. 교회와 같은 거룩한 장소에서 기도를 하면
    하느님께서는 내 기도를 더 잘 들어 주실까? · 64
26. 묵주와 같은 성물의 목적은 무엇인가? · 65
27. 내용은 별로 생각하지 않으면서 입으로만 되풀이하는 것도 기도가 될까? 예를 들어, 우리는 묵주 기도를 할 때 성모송을 계속 반복한다. · 66
28. 일상의 업무나 자질구레한 일을 하느님께 '봉헌하여 바치는 것'도 기도가 될 수 있을까? · 67
29. 희생은 기도인가? · 68
30. 하느님께로 향하지 않는 음악이나 미술 등의 예술 활동도 기도로 간주할 수 있을까? · 70
31. 왜 사람들은 자기 종교의 성화나 성상을 향해 기도하는 것일까? · 71
32. 글쓰기나 일기도 기도라고 할 수 있을까? · 73
33. 종교적 의미를 지니지 않은 글을 읽거나 세속적인 음악을 듣는 것도 기도가 될 수 있을까? · 73
34. 과학 연구도 기도의 기회가 될까? · 74

3부 그리스도인의 기도 ; 가톨릭 신자로서의 기도란 · 77

35. 그리스도인은 예수님께 기도하는가? 하느님께 기도하는가? · 79
36. 기도가 하느님과의 대화라면 그리스도인은 예수님께만 말씀드리는가? · 80

37. 그리스도인은 교회의 공식 전례 기도를 누구에게 바치는가? · 81
38. 왜 가톨릭 신자는 동정녀 마리아에게 기도하는 것인가? · 82
39. 가톨릭 신자는 성인들에게 기도하는 것이 아닌가? · 83
40. 전구는 무엇인가? 전구와 기도의 관계는 무엇인가? · 85
41. 그러면 천사들에게 기도하는 것은? · 87
42. 가톨릭 신자와 사람들은 종종 '예수님의 거룩한 성심'이나 성모님의 '기적 패', '성 유다'와 같은 신심에 대해서 이야기한다. 이런 신심과 기도의 관계는? · 88
43. 구일 기도는 무엇인가? · 89
44. 몇몇 가톨릭 기도들에 부여된 대사란 무엇인가? · 89
45. 가톨릭 신자들은 기도할 때 성경을 이용하는가? · 91
46. 시간 전례란 무엇인가? · 92
47. 유다교의 기도와 그리스도교의 기도에는 어떤 차이가 있는가? · 93
48. 신약 성경에 기도가 있는가? · 94
49. 예수님께서 제자들에게 '주님의 기도'를 가르치셨다. 그렇지 않은가? · 96
50. '주님의 기도' 끝에 왜 "주님께 나라와 권능과 영광이 영원히 있나이다."를 덧붙이는가? · 97
51. 미사 동안 혼자만의 말로 기도하거나 개인적으로 알고 있는 기도를 바쳐도 될까? · 97

4부 묵상과 관상 ; 참으로 구별하기 힘든 두 부분 · 99

52. 묵상이란 무엇인가? · 101
53. 묵상은 일종의 '거룩한 생각'일까? · 101
54. 내 인생의 어떤 한 사건을 묵상한다면? · 103
55. 느낌도 묵상의 일부일까? · 103
56. 무엇에 대해서나 묵상할 수 있을까? · 104
57. '매일의 묵상'은 무엇인가? · 105
58. 영성가란 어떤 사람인가? · 105
59. 묵상하기를 원한다면 위에서 말한 방법들 가운데
 하나를 선택해야 하나? · 106
60. 성경에 대해서만 묵상해도 될까? · 107
61. 나는 어떻게 묵상을 시작할 수 있을까? · 108
62. 관상이란 무엇인가? · 108
63. 관상은 참으로 심오해 보인다.
 많은 이들이 관상을 하고 있을까? · 109
64. 신비가는 어떤 사람인가? · 110
65. 그리스도교에서 유명한 신비가는 누구인가? · 110
66. 모든 종교에 신비가가 있는가? · 111
67. 향심 기도는 무엇인가? · 112
68. 이 특별한 기도들은 사제나 수도자만을 위한 것이 아닐까? · 114
69. 묵상과 관상을 시작하기로 결심하면 하느님께서
 나를 도와주실까? · 115

5부 다른 전통들 속에 나타난 기도 ;
기도로 함께할 수 있을지의 모색 · 117

70. 기도는 얼마나 오래되었을까? · 119
71. 지금까지 남아 있는 가장 오래된 기도는 무엇일까? · 120
72. 힌두교 신자들은 어떻게 기도하는가? · 121
73. 산드야는 무엇인가? · 122
74. 힌두교 신자는 묵상과 관상을 실행하는가? · 122
75. 그리스도인이 기도할 때 요가를 사용할 수 있을까? · 123
76. 불교의 기도는 어떤 것인가? · 125
77. 기도 바퀴(기도할 때 돌리는 바퀴 모양의 경전)는 무엇인가? · 126
78. 그리스도인이 불교의 기도와 묵상 방법을 사용할 수 있는가? · 127
79. 모슬렘(이슬람교도)에게 기도는 매우 중요하다. 그렇지 않은가? · 128
80. 모슬렘은 예수님께 기도하는가? · 129
81. 라마단은 무엇인가? · 129
82. 모슬렘은 메카로 성지 순례를 가지 않는가? · 130
83. 그리스도인이 모슬렘 기도를 사용할 수 있는가? · 130
84. 서로 다른 신앙을 가진 사람들이 실제로 함께 기도할 수 있을까? · 131

6부 기도하려는 노력 ;
인간이면 누구나 기도가 가능한가! · 135

85. 신앙에 대해서, 하느님에 대해서 의혹을 품고 있는데, 기도할 수 있을까? · 137
86. 불가지론자가 기도할 수 있을까? · 139
87. 무신론자가 기도할 수 있을까? · 140
88. 하느님께 화가 나 있을 때도 기도할 수 있을까? · 141
89. 악한 이들이 잘못되게 해 달라고 기도해도 될까? · 143
90. 육체적으로나 정신적으로 병을 앓고 있어서 기도할 만큼 오랫동안 집중할 수 없다면 어떻게 해야 할까? · 145
91. 정신적인 장애가 있는 사람은 어떠한가? · 146
92. 알츠하이머병을 앓는 사람도 기도할 수 있을까? · 148
93. 알코올이나 마약 중독자들도 기도할 수 있을까? · 149

7부 기도에 투신하기 · 151

94. '기도에 투신하기'란 무슨 뜻일까? · 153
95. 기도를 한 지 너무 오래되었는데 어떻게 다시 시작할 수 있을까? · 155
96. 부도덕한 생활을 하고 있는데도 기도할 수 있을까? · 156
97. 기도에 관해 개인적으로 다른 사람에게 말하는 것은 도움이 될까? · 157
98. 영적 지도자란 무엇인가? · 158

99. 매일 기도하다 보면 그것이 의미 없는 습관이
되는 것은 아닐까? · 159
100. 기도하기를 계속한다면 나이를 먹으면서
기도 생활도 변할까? · 162
101. 성모송은 "이제와 우리 죽을 때에" 성모님께서 우리를 위해 빌어
주시길 요청하며 끝난다. 죽을 때까지 기도 생활에 충실할 것을
어떻게 확신할 수 있을까? · 164

주註 · 167

용어 해설 · 173

참고 · 189

일러두기

성경 구절 인용에 관하여

그리스도인의 기도는 성경에 뿌리를 두고 있다. 구약(히브리 성경이라고도 함)과 신약은 두 가지 모두 그리스도교 기도의 실천과 신학에 영감을 주어 풍요롭게 하고 필요한 정보를 제공한다. 따라서 이 책 전체에 성경이 많이 인용되고 있다.
성경이 어떻게 인용되는지에 대해서 익숙하지 않은 이들에게 도움을 주기 위해 아래의 설명을 추가한다. 성경이 인용될 때는 먼저 성경의 이름, 그 다음에 인용된 장과 절들을 기록한다. 그래서 '탈출 24,3'은 탈출기의 24장 3절을 의미한다. 마찬가지로 '2코린 2,3-10.15'는 코린토 신자들에게 보낸 둘째 서간의 2장 3절부터 10절까지와 15절을 의미한다. 그리고 쌍반점(세미콜론)은 인용된 장이 끝나고 새로운 장이 시작됨을 의미한다. 따라서 '탈출 19,18; 33,9'는 탈출기의 19장 18절과 33장 9절을 의미한다. 성경의 각 책의 이름은 일반적으로 통용되는 약어를 사용하였다.
이 책에서 제시하는 성경적·신학적 사상의 근원을 더욱 깊이 있게 이해하기 위해서 인용된 성경 구절들을 참고하기 바란다.

들어가는 말

　기도는 하느님께로 마음과 정신을 들어 올리는 것 또는 하느님께 좋은 것을 청하는 것이다. 기도에 대한 이 정의는 그리스도교 교회의 초기 전통에서 나온다. 기도에 대한 이렇게 간단하고도 직설적인 묘사는 깊고 복잡한 체험에서 비롯된다. 이 책은 기도에 대한 질문들을 하나씩하나씩 던짐으로써, 그것의 개념을 통해 그 신비 속으로 깊이 들어가도록 초대한다.

　기도의 세계를 살펴보기 위해 우리에게 길 안내를 해 줄 몇 가지 방법과 좌표를 선정했다. 여기에는 기도의 본질을 해석하기 위해 비유로 사용되는 대화, 현존, 기억이라는 세 가지 공통적인 체험이 포함된다. 또한 우리가 기도하는 동안에 사용하는 세 가지 중대한 능력, 곧 감성과 지성과 의지에 대해서도 이야기할 것이다. 그리고 기도가 어떻게 세 가지 상호 보완적인 인간의 독창력, 즉 주기와 받기, 움직임과 고요함, 내면성과 무아경을 변화시키고 성화하는지 살펴보겠다.

기도와 유사한 세 가지 : 대화, 현존, 기억

우리는 기도의 본질을 이해하기 위해서 우리의 일상적인 행동이자 체험인 대화, 현존과 기억의 도움을 받게 된다. 우선 기도는 대화라고 생각할 수 있다. 늘 우리는 다른 이들에게 우리의 생각, 느낌, 결정들을 이야기할 때 말을 사용한다. 대화를 통해서 그냥 아는 사람이 차차 친구가 된다. 더 깊고 중요한 이야기를 나눌 때 자신의 깊은 내면을 열어 보이는 절친한 사이가 된다. 대화로 우리의 관계가 형성된다.

기도는 하느님과의 **대화**이다. 하느님이 현실에 계시다는 믿음의 행위이다. 보통 친구나 아주 절친한 친구에게 하듯이 하느님께 이야기를 하는 것이다. 그래서 기도를 할 때 우리는 하느님께서 우리가 말하기를 기다리신다는 믿음을 가지고 일상용어를 사용하며 사랑으로 그분께 우리를 열어 보인다. "나의 입에서 하느님의 귀로"라는 이디시어(Yiddish, 중앙 및 동부 유럽에서 쓰이던 유다인 언어) 격언이 이런 맥락이다. 우리가 크게 소리치는 말이거나 마음속으로 침묵 중에 표현하는 말이거나, 기도는 우리가 말하는 것을 하느님이 들으신다는 것을 믿는 것이다. 모든 기도는 하느님과 우리의 관계를 발전시키는 믿음의 행위이다.

기도는 **현존**이다. 인간관계는 특별히 더 깊은 관계일수록 대화를 초월한다. 사랑하는 사람과는 아무 이야기를 하지 않아도 몇 시간씩 즐거운 시간을 보낼 수 있다. 이처럼 기도는 하느님과 나누는 침묵 속의 친교라고 말할 수 있다. 하느님께서는 이미 우리의 마음과 정신 속에 있는 바를 알고 계신다는 확신을 가지고 있기에 아무 말도 할 필요가 없는 것이다. 기도는 거룩하신 분의 현존 안에서 조용히 머무는 것이다.

기도는 또한 **기억**이기도 하다. 우리는 친구의 생일을 축하해 준다. 특별한 날이나 기념일에는 축하 카드를 보낸다. 그렇게 함으로써 그 사람을 생각하고 있다는 것을 알려 주며, 그 모든 것들이 관계를 굳건하게 하고 따뜻하게 한다. 매일의 생활에서, 해마다 소중한 이들을 위해 해야 할 일들을 기억해 둘 필요가 있다. 사랑에 있어서 기억은 가장 중요한 것이기 때문이다.

기도할 때마다 우리는 기억을 사용한다. 소중한 사람들과의 깊은 관계를 위해 그들의 특별한 날을 기억하는 것처럼 우리의 영성 생활을 더욱 폭넓게 하기 위해 하느님을 기억한다.

기도할 때 사용되는 세 가지 기능 : 느낌, 지능, 의지

인간은 감성, 지성, 의지를 통해 기도를 한다. 그리고 우리가 내린 기도의 정의는 하느님께 우리의 마음을 들어 올리는 것을 포함한다. 우리는 우리의 **느낌**들 가운데 한 가지 또는 전부를 기도 속으로 가져올 수 있다. 사랑과 증오, 기쁨과 슬픔, 두려움과 노여움, 질투와 시기, 우울함과 지루함 등 마음속에 있는 것은 무엇이나 기도 속으로 가져올 수 있다. 우리에게 느낄 수 있는 능력을 주신 하느님께 가치가 없는 느낌은 하나도 없다. 그리고 우리는 자주 그 느낌들을 통해서, 그것들에 의해서 기도 속으로 잠겨 들어간다.

기도는 또한 **지성**을 포함한다. 기도는 정신을 하느님께로 들어 올리는 것이다. 기도 중에 우리는 생각과 이상, 계획, 노력의 결과, 꿈꾸는 것, 바라는 것 등을 하느님께 있는 그대로 전부 내어놓는다. 우리는 창조와 역사, 현재 사건들이 지닌 의미에 대해, 그리고 우리 삶과 우주적 차원에서 하느님의 섭리에 대해서 성찰한다. 하느님의 은총이 우리의 생각을 정화·심화시키고 분명히 해 주시기를 바라며, 모든 것을 그분께서 들으시도록 궁리한다. 또한 시편의 저자들처럼 하느님께 청한다. '제 마음을 넓혀 주시고, 저를 더 슬기롭게 만드시어, 제 발걸음을 굳건히 하소서.'(시편 119,32.98.133) 살면서 중요한 결정을 해야 할 때 우리는 기도를 통해 다시 한 번 하느님께 다가간다.

기도 : 인간 창의력의 성화

기도의 역사는 인간의 창의력의 역사이다. 수천 년을 지나면서 모든 종교의 신앙인들은 특정 행위들을 '하느님을 위하여' '거룩하게' 기도의 영역 속으로 끌어들였다. 이렇게 기도와 연관된 창의적 행위들을 주기와 받기, 움직임과 고요함, 내면성과 무아경으로 나눠 볼 수 있다.

기도는 하느님께 '봉헌'의 기회를 제공한다. 기도 속으로 가져오는 모든 것은 그것이 사람이든 물건이든 모두 하느님께 드리는 선물이 된다. 기도할 때 사랑하는 사람을 기억하면 우리는 그 사람을 하느님께 바치는 것이다. 근심이나 요청, 생각, 바라는 바를 기도로 가져오면 거룩하신 분께 봉헌함으로써 거룩해진다. 기도는 우리의 말과 느낌, 결정, 요청들을 변화시킨다. 이렇게 봉헌된 것들은 예루살렘의 옛 성전에서 저녁 희생 제사 때 피운 향처럼 하느님께로 올라간다(시편 141,2).

기도는 하느님께 드리는 것이기도 하지만 하느님께로부터 받는 것이기도 하다. 아마 우리가 가장 많이, 가장 빨리 기도를 하게 되는 이유는 바로 우리에게 절실히 필요하기 때문일 것이다. 하느님께서 우리가 필요로 하는 것과 원하는 것을 주시리라는 희망을 가지고 빈손을 펴 들고 간절하게 도움을 청하는 것이다. 기도는 우리의 창의력을 자극하고, 받을 준비가 되도록 우리를 정화시켜 준다.

기도는 움직임의 영감을 준다. 사랑하는 것과 마찬가지로 말을 초월하여 우리의 몸을 움직이고 몸을 지배한다. 즉 기도를 하기 위해 몸을 움직인다. 간청하는 가운데 손을 펴고, 찬양하며 팔을 쳐들고, 경배하며 고개를 숙인다. 이슬람교에서는 하루 중 다섯 번의 기도를 할 때, 가톨릭교회에서는 성사의 예절을 할 때, 유다인들은 유월절 식사 순서에 맞춰 정해진 대로 정중하게 무릎을 꿇는다. 이런 몸의 움직임을 통한 기도는 다양한 의미를 표현한다.

몸의 움직임을 통한 기도와 마찬가지로, 기도는 고요함 가운데서도 표현된다. "오히려 저는 제 영혼을 가다듬고 가라앉혔습니다. 어미 품에 안긴 젖 뗀 아기 같습니다. 저에게 제 영혼은 젖 뗀 아기 같습니다."(시편 131,2) 기도의 고요함은 동방의 종교 전통에서 중요한 요소이다. 예를 들어 힌두교의 요가 전통에서는 신자들을 고요하게 만들기 위해 여러 가지 방법을 사용한다. 마음과 정신을 천천히 고요하게 만듦과 동시에 숨쉬기와 맥박을 고르게 한다. 이처럼 기도는 움직임과 고요함을 성화시킨다. 기도는 춤을 추게도 하고 멈추게도 하며, 움직이게도 하고 쉬게도 만든다.

기도의 본질을 이해하는 데 우리를 도와주는 마지막 창의력은 내면성과 무아경이다. 우리 영혼의 문을 열고, 자신 속으로 조용히 밀어 넣는다. 우리는 세상과 세상 걱정을 뒤로하고 자기 내면의 하느님의 현존 속으로 초대된다. "너는 기도할 때 골방에 들어가 문을 닫은 다음, 숨어 계신 네 아버지께 기도하여라. 그러면 숨은 일도 보시는 네 아버지께서 너에게 갚아 주실 것이다."(마태 6,6)

기도가 영혼 속으로 들어가는 것일 수 있듯이, 기도는 또한 우리 자신을 초월하여 우리 자신에게서 나오는 무아경일 수 있다. 우리는 삶 속에서 여러 가지 다른 방법으로 무아경을 체험한다. 사랑에 빠졌을 때 우리는 사랑하는 사람 앞에서 우리 자신을 완전히 잊어버린다. 또한 예술이나 문학 작품의 아름다움이 우리를 우리 자신보다 높은 곳으로 인도하고 초월하게 하듯 무아경은 심미적인 구성 요소이기도 하다.

기도에서 무아경은 자기 자신을 초월해 하느님의 신비 속으로 들어가게 만든다. 대다수의 종교 전통들은 자기 자신을 버리고 하느님의 영靈 속으로 들어가는 내밀한 체험을 도모하는 수도회나 종파, 학파를 가지고 있다. 이 책에서도 그러한 것들을 인도자로 삼아 기도에 대한 질문들을 던지게 될 것이다.

은총

이 책 전체에서 계속적으로 드러나는 핵심적이고 궁극적인 개념은 **은총**이다. 은총은 기도에 대한 모든 비유 속에 스며들어 있고, 기도할 때 사용하는 세 가지 중요한 기능 속에 녹아들어 있으며, 창의적으로 다양한 기도를 하도록 이끈다.

성경적 의미에서 기도는 언제나 하느님께 드리는 응답이다. 하느님께서 '말씀'으로 먼저 우리에게 말씀하셨기에 우리 또한 하느님께 말씀을 드린다. 그분은 절대로 우리를 잊어버리지 않으시기에 우리 또한 그분을 기억한다. 하느님께서는 지금도 과거에도 언제나 우리 안에, 우리 곁에 계시기에 우리는 하느님의 현존 속으로 들어간다. **우리를 향한 그분의 변함없는 사랑은 끝이 없이 계속되기에 우리는 그것을 '은총'이라고 한다. 모든 기도는 은총에 대한 응답이다.** 하느님의 무한한 사랑이 주는 은총은 우리의 전 존재를 채우고 에워싼다. 그것은 시대를 초월해 우리의 모든 순간들을 충만케 하고 역사의 모든 시간을 지배한다. 그 무한한 사랑의 은총에 대한 응답이 곧 기도이다.

    은총에 대한 이러한 가르침은 누구나 기도할 수 있다는 확신을 우리에게 준다. 하느님은 차별하지 않으신다. 하느님은 무한한 은총을 모두에게 내려 주시고, 모든 이에게 똑같이 기도의 선물을 주신다. 우리가 어떤 종교적 입장을 취하든, 어떤 영적 상태에 있든 우리는 기도할 수 있다. 즉 기도는 성인과 죄인, 초심자와 숙련된 자, 신앙인과 무신론자, 아이와 노인, 둔한 자와 영리한 자, 건강한 이와 죽어 가는 이 모두의 특권이다. 누구나 하느님께 마음과 정신을 들어 올릴 수 있고, 그분께 좋은 것을 청할 수 있다. 기도에 관한 질문과 대답을 담고 있는 이 책 또한 하느님 은총의 도구이다. 이 책은 우리가 기도라고 부르는 거룩하고 신비로운 만남으로 우리를 초대한다. 자, 은총으로 나아가자!

1부
기도와 믿음

누구에게나 있는 근본적인 질문들

1. 기도는 무엇인가?

기도에 대한 자료를 찾다 보면, 다양한 종교 분야에서 아름답게 치장된 기도의 현란한 정의와 해설들을 만날 수 있다. 그중에서 그리스도교 초기부터 있었던 고전적인 기도의 정의를 살펴보면, 기도란 하느님께 마음과 정신을 들어 올리는 것 또는 좋은 것을 청하는 것이다. 성 아우구스티노, 성 바실리오, 성 요한 다마스쿠스, 성 요한 클리마코와 같은 신학자들의 가르침은 모두 기도에 관한 우리의 이해를 돕는다.[1]

이 고전적인 그리스도교적 정의는 기도를 적극적이고, 희망에 찬, 그리고 융통성 있는 인간의 노력이라고 제시한다. 기도는 의지의 행위이고 선택이기에 적극적이다. 기도는 거룩하신 분께 향하는 것이며, 거룩하신 분께 가는 움직임이자 자신의 의지로 접근하는 것이다. 그러므로 기도는 하느님께 마음과 정신, 지능과 감정, 생각과 정서를 열기로 선택한 사람이면 누구나 할 수 있는 온전히 인간적인 일이다. 기도는 무한한 분을 만나려고 용감하게 결정하고 창조적으로 시작하는 것이다.

우리가 지닌 기도의 정의에서도 기도는 희망에 찬 것이다. 하느님은 당신께 청하는 사람 모두에게 좋은 것을 주시는 분이며, 모든 선의 근원이시라는 것을 인정하고, 그분께 감사하는 것이 기도이다(마태 7,7-11). 기도는 또한 우리의 요청을 기꺼이 받아들이시고 그 요청에 사랑으로 응답하시는, 더 높은 능력을 지니신 분께 우리가 의지함을 인정하는 것이다. 그런 의미에서 기도는 희망에 찬 것일 뿐 아니라 겸손한 것이기도 하다. 기도는 우리가 하느님께 의지하는 존재임을 인정하고, 선하고 사랑이신 창조주께 승복하고 의탁하는 행위이다.

이렇게 볼 때 기도에는 융통성이 있다. 기도는 특별히 법적으로 지정된 말이 아니며 의식적으로 규정되거나 한정되지 않는다. 우리는 각자의 방식으로 마음과 정신을 하느님께로 들어올릴 수 있다. 그러한 방법들은 우리 일생 동안 각 단계를 통해서 변화해 나간다. 우리는 환경이 달라짐에 따라 다른 것을 청하고 인생의 시기에 따라 필요로 하는 것들도 달라진다. 기도에 관한 이런 정의는 역사적으로 모든 종교의 다양한 전통들 안에서도 적용된다. 다양한 종교를 믿는 이들이 서로의 차이점에도 불구하고 공통점을 찾으려고 노력하는 요즘 시대에 기도에 관한 이러한 정의는 도움이 된다.

기도의 정의가 아무리 훌륭하다고 해도, 기도를 더 잘 이해하기 위해서는 우리가 실제로 기도를 해야만 한다. 여러 가지 면에서 기도는 자전거를 타거나 악기를 연주하는 것과 같다. 즉 우리는 기도에 대해서 읽을 수 있지만, 실제로 자신이 기도를 해 보기 전에는 절대 기도를 알 수 없다.

2. 기도는 하느님께 이야기하는 것인가?

그렇다. 기도는 하느님과의 대화라고 할 수 있다. 여기서 중요한 것은 하느님께서 대화를 시작하신다는 점이다. 그런데 이것이 우리의 직관에 반대되는 것처럼 보인다. 우리의 기도 체험들 대부분이 하느님의 응답을 기대하며 그분께 이야기하는 것이기 때문이다. 또는 너무 오랫동안 하느님께 아무 이야기도 하지 않았기 때문에, 이제는 어떻게든 그 불편함과 어색함을 깨고 대화를 시작할 방법을 찾아야만 하기 때문에 그렇게 보일 수 있다.

하지만 대부분의 종교, 특히 유다교와 그리스도교에서는 당신 자신을 계시하시는 하느님의 사랑에 응답하는 것이 곧 기도라고 여긴다. 하느님께서 먼저 아브라함에게(창세 12장, 15장, 17장) 이야기하셨기에 우리가 하느님께 이야기한다. 하느님께서는 모세에게(탈출 3장), 예언자들에게(이사 6,6-13; 예레 1,4-13; 에제 1,28-3,11), 마리아에게(루카 1,26-56) 말씀하셨고, 특히 하느님의 말씀(요한 1,1.14)이신 예수님을 통해 우리에게 이야기하셨다. 언제, 어디서, 어떤 형태로든 우리가 그분과의 대화 속으로 들어가는 것은 "먼저 우리를 사랑하신"(1요한 4,19) 하느님께 대한 응답이다.

3. 나는 하느님께 무슨 이야기를 할 수 있나?

사실 무엇에 대해서나 하느님께 이야기할 수 있다. 기도 중에 우리는 생각(고상하지 못한 생각까지도)과 느낌(쑥스러운 느낌도 포함해), 결심(우유부단함에도 불구하고)을 이야기한다. 우리는 우리의 "부서진 영, 부서지고 꺾인 마음"(시편 51,19)을 하느님께로 가지고 간다. 하느님은 인상적인 희생이나 값비싼 제물보다는 당신의 말에 귀를 기울이는 '열린 귀'를 더 좋아하신다(시편 40,6-8). 기도는 세련된 예절로 왕과 이야기를 하는 것이 아니다. 기도는 되도록 정직하게 이야기하고 열린 마음으로 듣는 가족의 대화와 같다.

하느님께 무엇을 가져가든 우리는 이미 그 자체로 축복을 받는다. 무엇을 이야기하든 그분께서 그것을 받아 주시기에 그것은 성스러운 희생 제물로 변화된다. 하느님과의 대화에서는 무엇이든 다 이야기할 수 있다.

4. 이미 모든 것을 다 알고 계시는 하느님께
   나의 생각과 느낌들을 표현하는 이유는 무엇인가?

사실 하느님께서는 이미 우리의 정신과 마음속에 든 것을 다 아신다. "주님, 당신께서는 저를 살펴보시어 아십니다. 제가 앉거나 서거나 당신께서는 아시고 제 생각을 멀리서도 알아채십니다."(시편 139,1-2) 기도는 하느님을 위한 것이라기보다는 우리 자신을 위한 것이다.

보통 우리는 일상생활에서 가족이나 친구와 이야기를 하며 우리가 생각하는 것들에 대해서 더 잘 알게 된다. 표현을 함으로써 우리가 미처 의식하지 못한 채 우리 안에 묻혀 있던 것이 환하게 드러난다. 다른 사람들과 이야기를 나눔으로써 흐릿하던 나의 결정이나 느낌, 생각들이 더 뚜렷해진다. 자기 자신이 말하는 것을 듣기도 전에 어떻게 스스로 생각하고 느끼는 것들을 알 수 있겠는가?

기도 역시 마찬가지다. 우리가 하느님과 대화를 하는 기도는 우리가 우리 자신에 대해서 알기 어렵거나 인정하기 어렵던 것들을 발견하도록 도와준다. "당신께서는 가슴속의 진실을 기뻐하시고 남모르게 지혜를 제게 가르치십니다."(시편 51,8) 하느님과 대화하면서 우리는 마음속 비밀로 인도하는, 그렇게 내적 존재로 우리를 인도하는 말들을 찾게 된다. 기도를 통해 하느님께서는 우리가 자기 자신의 정신에 귀를 기울여 듣게 하신다. 그래서 우리는 기도를 하며, 기도를 통해 드러나는 자신에 대한 보다 깊은 진실을 점차적으로 깨닫게 된다.

5. 평소 말하는 것처럼 기도해도 되는 것인가?

물론이다. 종교는 인간에게 본성적인 것이다. 성 아우구스티노는 「고백록」의 시작에서 우리가 하느님과 관계를 맺도록 창조되었음을 상기한다. "당신은 우리를 당신을 향해 살도록 창조하셨으므로 우리 마음이 당신 안에서 안식할 때까지는 편안

하지 않습니다."[2] 그러므로 우리는 마음이 원하는 대로 하느님께 이야기할 수 있다. 우리 자신이 마음으로 느끼는 것을 내적 열망을 담아 자연스럽게 표현하기 위해서, 자기만의 말로 하느님께 이야기할 수 있는 것이다.[3]

그러나 대부분 우리는 어려서부터 자신이 믿는 종교에서 사용하는 기도를 배우며 자란다. 우리가 사는 문화 안에서 말과 관습과 윤리를 배우듯, 우리는 어떻게 기도하는지 습득한다. 그리고 그것을 외우고 반복하여 익힌다. 종교 지도자와 가정에서 배운 기도, 예식들은 하느님께 대한 우리의 자연적인 갈망을 유지해 주고 발전시켜 준다. 즉 우리의 기도를 이끌어 주고, 틀을 잡아 주며, 격려해 준다.[4]

그렇다고 해서 어릴 때 배운 기도의 형식에 억매일 필요는 없다. 시 문학 공부가 우리를 더 좋은 시인으로 만들어 주듯이, 기본적인 기도를 배우는 과정은 우리가 자신의 말로 하느님께 나아가도록 준비시켜 준다. 게다가 우리는 자신의 마음에서 우러나온 생각과 느낌들을 표현할 때도 그러한 기도문들과 성경 구절들을 넣어 표현할 수 있다. 믿음은 본성과 교육을 통해 형성된다. 그러므로 우리는 종교 교육을 통해 공식적인 기도를 반복해서 익히는 동시에, 자기만의 탐구와 창의성에서 우러나온 기도를 바친다.

6. 아무 말도 하지 않으면서 기도할 수 있는가?

할 수 있다. 이미 살펴본 대로, '기도는 대화'라는 비유가 기도에 대한 이해를 돕는다. 하지만 하느님 앞에서 스스로를 표현할 수 없어 더듬거리고 허둥대며 머뭇거리다가 그만두고 말 때가 있다. 또 자신의 느낌들이 너무 강하거나 상반되는 것이어서 하느님께 차마 말로 표현할 수 없을 때도 있다. 때로는 말로는 다 표현할 수 없을 만큼 기쁨에 겨워 행복할 때도 있다. 반대로 너무 화가 나서 씩씩거리기만 할 때도 있다. 그런가 하면 너무 크나큰 슬픔과 비탄에 잠겨 말도 못하고 신음할 때도 있다. 또 중대한 결정을 내리기에 앞서 걱정과 부담 때문에 머릿속이 복잡해서 아무 말도 할 수 없을 때도 있다. 이런 때에는 우리의 수고와 좌절 자체가 기도가 된다.

시편 저자는 기도의 효과가 유창한 말솜씨에 달린 것이 아님을 상기시켜 준다. 하느님께서는 이미 우리 마음속에 있는 것을 다 알고 계신다. "정녕 말이 제 혀에 오르기도 전에 주님, 이미 당신께서는 모두 아십니다."(시편 139,4) 성 바오로 역시 우리 자신을 하느님께 분명하게 표현할 말을 찾을 수 없다고 말한다. "이와 같이, 성령께서도 나약한 우리를 도와주십니다. 우리는 올바른 방식으로 기도할 줄 모르지만, 성령께서 몸소 말로 다할 수 없이 탄식하시며 우리를 대신하여 간구해 주십니다. 마음속까지 살펴보시는 분께서는 이러한 성령의 생각이 무엇인지 아십니다."(로마 8,26-27ㄱ) 기도하는 능력은 유창한 말솜씨에 달린 것이 아니다. 말재주가 없는, 표현이 미숙한 기도일지라도 하느님께는 귀중한 것이다.

이러한 갈등 없이 우리는 다른 방식으로 말없이 기도할 수 있다. 때때로 우리는 그저 하느님과 함께 시간을 보내고 싶어 한다. 특별히 말할 것은 없지만 그냥 하느님의 현존을 느끼고 싶은 것이다. 시편 저자는 이러한 갈망을 단순히 표현한다. "하느님의 얼굴을 뵈올 수 있겠습니까?"(시편 42,3) "하느님, 저희가… 당신의 자애를 생각합니다."(시편 48,10) 이런 침묵의 기도 또는 고요한 기도를 관상이라고 한다. 관상에 대해서는 질문 62에서 더 이야기할 것이다.

7. 기도를 매일 해야 하는가?

기도를 관계라고 생각한다면 이렇게 물어볼 수도 있다. 관계를 깊게 하려면 얼마나 자주 하느님과 이야기를 해야 할까? 우리가 잘 알다시피 중요한 관계를 강화하려면 정기적으로 좋은 대화를 해야 한다. 예를 들어 부부 사이나 친구, 가족과 같은 관계들을 심화하고 성장시키려면 모두 지속적인 의사소통을 해야 한다. 그러한 소통이 부족하면 관계들은 점점 약화되고 만다.

하느님과 우리의 관계도 그처럼 의사소통을 필요로 한다. 질문 4에서 이야기했듯이 기도는 하느님을 위한 것이라기보다 우리 자신을 위한 것이다. 사실 하느님께는 배우자나 친구에게처럼 나 자신을 열어 보일 필요가 없다(이미 다 아시므로). 하지만 규칙적으로 꾸준히 기도를 바치는 것은 우리의 삶 속에서 하느님과 우리의 관계를 실질적인 것으로 만들어 준다. 즉 마음과 정신을 그분께 기도로 표현하면서 우리는 매일매일 조금씩 변화된다. 우리가 지속적으로 하느님께 마음과 정신을 들어 올리고, 사랑이신 창조주께 끊임없이 좋은 것을 청하면 기도의 힘이 우리의 생각과 느낌, 선택하는 방법을 변화시켜 준다. 그리고 우리는 우리 삶 속에 살아 계시는 그분을 더욱더 의식하게 된다. 이처럼 지속적인 기도는 우리 삶 속에 현존하시고 역사하시는 하느님을 기억하도록 해 준다.

기도는 또한 우리를 하느님으로부터 멀어지게 하는 많은 외적 혼란과 내적 성향들, 그분에 대해 무뎌지게 하는 것들로부터 우리를 지켜 준다. 그리고 창조주에 대한 생각 없이, 오직 자기중심적 생활에만 빠져드는 것을 멀리하게 해 준다. 히브리서는 이렇게 권고한다. "온갖 짐과 그토록 쉽게 달라붙는 죄를 벗어 버리고, 우리가 달려야 할 길을 꾸준히 달려갑시다. 그러면서 우리 믿음의 영도자이시며 완성자이신 예수님을 바라봅시다."(히브 12,1-2ㄱ) 기도는 운동선수들이 받는 훈련과 같아서 우리의 신앙생활이 유지되도록 도와주고 생기를 불어넣어 준다. 기도하지 않으면 우리는 쉽사리 게을러지고 나태해지며 좌절하게 된다. 로욜라의 성 이냐시오는 자신의 기도 프로그램을 가리켜 영적 운동이라고 했다. 군인이었던 그는 신앙 안에서 성장하려면 정기적인 훈련과 헌신, 실행이 필요함을 알았던 것이다.[5]

그러면 우리는 매일같이 기도를 해야 하는가? 이것은 우리가 얼마나 진정으로 신앙생활을 하기로 결정하느냐에 달렸다. 즉 우리가 신앙 안에서 성장하기를 얼마나 강렬히 열망하는지, 얼마나 개척자이신 예수님과 함께 그 길을 가려고 하는지, 우리를 기다리는 어려움과 시련들을 이겨 내기 위해서 하느님의 은총으로 얼마나 굳건하게 되기를 원하는지에 달려 있다.

8. 잊어버리고 기도를 하지 않으면 어떻게 되나?

 우리는 일상생활의 책임과 무게에 눌려 종종 하느님을 잊어버린다. 이스라엘 백성들도 자주 하느님을 잊어버렸기에 구약성경은 한탄으로 가득 차 있다. "그들은 그분의 업적을 빨리도 잊어… 그들은 하느님을 잊었다, 자기들을 구원하신 분을 이집트에서 위대한 일들을 하신 분을"(시편 106,13.21) 우리도 마찬가지다. 마치 하느님이 아무런 상관도 없는 분인 것처럼 금방 그분을 잊어버릴 수 있다. 기도를 하지 않으면 믿음은 일상의 영역 밖에 있는 추상적인 것이 되어 버리고 우리 생활과 무관해지고 만다.
 하지만 우리가 기도하기를 잊거나 몇 주 또는 몇 달씩 기도를 전혀 하지 않아도 하느님께서는 언제나 은총으로 우리를 다시금 부르신다. 앞서 질문 2에서 강조했듯이, 기도는 하느님께서 주도하시는 대화이다. 우리가 얼마 동안 하느님을 잊어버린다 해도 하느님은 절대 우리를 잊지 않으신다(이사 49,15; 마태 10,29-31; 루카 12,6-7).

9. 내가 기도할 때 하느님께서 들으신다는 것을 어떻게 알 수 있나?

모든 기도는 하느님께서 그것을 들으시고 응답해 주신다는 것을 믿는 신앙의 행위이다. 신앙은 지식이 아니다(1코린 13,12). 물론 때로는 주저하며 의심을 품은 채 시험 삼아 기도할 때도 있다. 하지만 기도를 하려는 노력 자체는 이미 그러한 의심까지도 하느님께 드리려는 행위이기에, 신앙의 행위이다.

기도를 하려고 결심을 할 때마다 우리가 신앙의 아주 오래되고 기나긴 행렬 속으로 들어가고 있다는 점을 상기하면 도움이 된다. 기도를 통해 우리는 여러 세기 동안 계속되어 온 신자들의 긴 행렬에 속하게 된다. 기도를 할 때 우리는 신앙의 선조들이 이미 기도를 했다는 것을 안다. 기도를 할 때마다 우리는 기억한다. 신앙 안에서 때로는 의심도 들지만, 앞서 우리 선조들의 세대를 하느님께서 얼마나 사랑하셨는지를! "제가 옛날을 회상하며 당신의 모든 업적을 묵상하고 당신 손이 이루신 일을 되새깁니다."(시편 143,5) 현재 기도를 한다는 것은, 언제나 그랬듯이 하느님의 사랑이 바로 지금 여기에 함께함을 신뢰하는 믿음의 행위이다. 기도를 할 때마다 우리는 '그분의 굳건한 사랑'을 찬양하는 것이며 '주님의 진실하심이 영원함'을 선포하는 것이다(시편 117,2 참조).

10. 기도로 청했지만 받지 못한 적이 있다. 왜 하느님께서는 응답해 주지 않으셨을까?

하느님께로부터 응답이 없는 것을 이해하기 위해서는 우리가 원하는 것과 필요로 하는 것의 차이를 구별해야 한다. 우리는 원한다고 청하지만, 그중에는 종종 우리에게 별로 필요하지 않는 것도 있다. 실제로 우리가 원하는 것이 때로는 우리에게 정말 필요한 것을 얻는 데 방해가 되기도 한다. 창조주이신 하느님께서는 우리 자신이 미처 깨닫지 못하는, 우리에게 정말 필요한 것에 주의를 기울이고 계신다. 그래서 우리가 자신에게 필요한 것을 청하지 못할 때에도 우리의 필요에 응답해 주신다. "그러므로 주님께서는 너희에게 자비를 베푸시려고 기다리시며 너희를 가엾이 여기시려고 일어서신다."(이사 30,18ㄱ) 기도는 하느님께서 우리를 염려하시도록 만드는 것이 아니다. 기도는 하느님께로부터 좋은 것을 받을 수 있도록 우리를 준비시켜 준다.

청하는 기도를 할 때마다 우리에게 정말로 필요한 것이 무엇인지를 식별하는 지혜를 얻게 되고, 우리가 원해야 하는 것에 대해서 차츰 현명해진다. 기도는 하느님과 맺는 계약이 아니다. 즉 기도는 우리가 무엇인가를 원할 때 그것을 얻기 위해서 얼마나 많이 기도할지 약정하고 명시하는 계약이 아니다. 오히려 하느님께서 당신과 관계를 맺도록 우리를 기도에 부르시는 것이다. 이 관계를 통해 창조주이신 하느님께서는 피조물인 우리가 필요로 하는 모든 것을 주신다.[6] 우리가 우리에게 필요한 것과 원하는 것을 사랑하는 하느님 앞에 내어놓고 기도하면 하느님께서는 사랑의 관계를 심화시키는 방법으로 응답하신다. 그리고 기도를 통해서 그분께서는 우리의 필요에 대해서도 우리를 훈련시키시고 다음과 같은 생각을 하도록 영감을 주신다. "어떠한 눈도 본 적이 없고 어떠한 귀도 들은 적이 없으며 사람의 마음에도 떠오른 적이 없는 것들을 하느님께서는 당신을 사랑하는 이들을 위하여 마련해 두셨다."(1코린 2,9)

11. 하느님께서는 정말 내 말에 관심을 갖고 계신가?

하느님께서는 우리가 말로 표현하는 것뿐 아니라 차마 말로 표현하지 못한 것들에 대해서도 무한한 관심을 가지고 계신다.

전능하신 하느님께서 우리에게 얼마나 관심을 가지고 계시는지를 보여 주는 가장 감동적인 이미지는 되찾은 아들의 비유(루카 15,11-32)에서 볼 수 있다. 하느님은 자신을 버리고 떠난 아들이 돌아올지도 모른다는 생각에 밤낮으로 지평선을 하염없이 바라보고 있는 아버지와 같다.

드디어 멀리서 아들의 모습이 나타나 집으로 걸어오자, 아버지는 달려 나가 아들을 맞이하며 목을 껴안았다. 아버지는 방황하는 아들에게 깊고도 넓은 부모의 간절한 마음을 보여 주었다. 돌아온 아들은 수치심에 미리 연습했던 대로 자신의 잘못을 고백하고 아버지의 일꾼으로 받아 달라고 말했다. 그러나 아버지는 아들의 말이 끝나기도 전에 기쁨에 넘쳐 아들을 껴안고 입을 맞추면서 당장 아들의 명예 회복을 위한 만찬을 마련하라고 종들에게 일렀다. 이 비유 이야기를 통해 예수님은 하느님께서 우리와 우리의 기도, 행복에 대해 얼마나 큰 관심을 갖고 계신지 보여 주신다.

12. 되찾은 아들의 비유는 우리에게 큰 위로가 된다.
    하지만 때로는 내가 충실했음에도 불구하고 무시

당했다고 느끼는 큰아들과 더 닮았다고 느끼기도 한다. 왜 때때로 하느님께서 나를 무시하신다는 느낌이 드는가?

기도는 때로 하느님 부재의 체험이 되기도 한다. 우리가 온 힘을 다해서 마음과 영혼을 주님께 향해도 공허한 침묵만 마주하게 될 때가 있다. 즉 우리는 마음속에서 일어나는 열망이나 의혹, 간청 등으로 인해 암흑 속으로 빨려 들어가는 것 같은데, 하느님은 저 멀리 모든 것을 초월해서 무관심하게 계시는 것 같을 때가 있다. 교회에 열심히 다니는 사람들도 때로는 기도 생활의 방향을 잃고 겉돈다고 느끼며, 자신이 하느님과 쌓은 우정이 바위산에 부딪치는 것 같은, 낯선 해안을 떠도는 듯한 두려움을 느낀다.

하느님 부재의 체험은 기도의 역사에서 전혀 새로운 것이 아니다. 시편의 저자도 이렇게 울부짖었다. "저의 하느님, 저의 하느님, 어찌하여 저를 버리셨습니까? 소리쳐 부르건만 구원은 멀리 있습니다. 저의 하느님, 온종일 외치건만 당신께서 응답하지 않으시니 저는 밤에도 잠자코 있을 수 없습니다. 주님, 어찌하여 멀리 서 계십니까? 어찌하여 환난의 때에 숨어 계십니까?"(시편 22,1-2; 10,1) 이럴 때 기도는 공허하고 침묵의 기다림처럼 느껴진다. 우리는 마치 비유 속 근심에 찬 아버지처럼 사랑하는 이에게 버림받고 배척당한다고 느낀다.

삶은 때로 우리를 사랑하는 사람들에게서 갈라놓는다. 먼 곳에 있는 대학에 가거나 취직을 해서 처음으로 가족을 떠나게 되면 집을 그리워하게 된다. 부모들은 빈 둥지 증후군을 앓는다. 전쟁으로 떨어져 지내야 하는 연인들도 있고, 물리적·정치적·심리적 거리로 인해 점차 멀어지는 친구들도 있다. 생활 환경은 확정된 것이 없이 변화하고 무너지기도 쉽다. 그래서 우리는 기쁨이 가득했던 곳이나 사랑하는 사람들에게서 갑자기 떨어져 먼 곳에서 귀양살이하듯 살게 되는 경우가 종종 있다.

기도 생활도 마찬가지다. 개인적인 느낌이나 생각, 결심 또는 단순히 생활 환경으로 인해 하느님께 거리감을 느끼고 그분으로부터 떨어져 나왔다고 느낄 때가 있다. 이때 신앙은, 그런 느낌과 상관없이 하느님은 여전히 우리와 함께, 우리 가까이(우리 자신보다 더 우리와 친밀하게) 계시다는 것을 가르쳐 준다. 이에 대해 아우구스티노 성인도 다음과 같이 말한다. "그러나 당신은 저의 깊은 내면보다 더 깊은 내면에 계시며 제가 도달할 수 있는 곳보다 더 높이 계셨습니다."[7] 이제 기도는 인내의 훈련이 된다. "주님께 바라라. 네 마음 굳세고 꿋꿋해져라. 주님께 바라라."(시편 27,14) 이때 희망은 하느님 부재의 체험까지도 우리에게 선으로 작용한다는 것을 확신시켜 준다(로마 8,28). 기다림의 은총은 우리의 정신을 성장시켜 주고 우리의 마음에 깊이를 알 수 없는 지식을 준다. 그리고 사랑은 어떤 것도(끝나지 않을 듯한 하느님 침묵의 체험까지도) 우리를 그분의 사랑에서 떼어 놓을 수 없음을 약속한다(로마 8,39). 우리가 기도하려는 지향을 갖고 있다면 하느님의 부재를 느끼는 것도 기도이다.

13. 가끔 중요한 결정을 내려야 할 때 기도한다. 좋은 생각인가?

  중요한 결정을 위해서 지켜야 할 몇 가지 상식적인 지침들이 있다. 1) 선택할 수 있는 것에 대한 모든 정보를 입수한다. 2) 자신의 정신과 마음에 귀를 잘 기울인다. 3) 자신의 결정이 다른 이들과 공동선에 미칠 영향을 고려한다. 4) 결정을 내리는 일로 인해 너무 우울하거나 반대로 너무 흥분해서 기분이 들뜰 때에는 아무것도 결정하지 않는 편이 낫다. 기도는 마지막 세 가지 지침에 큰 도움을 준다.

  질문 4에서 기도는 우리가 자신이 진정으로 생각하는 것, 느끼는 것을 더 깊게 더 잘 알게 해 준다고 했다. 같은 맥락으로,

문제나 결정들을 하느님 앞에 내어놓음으로써 우리는 하느님의 인도를 청하는 동시에 그것에 대해서 보다 깊이 성찰하는 특별한 시간을 갖게 된다. 기도는 우리의 선택과 결정이 다른 이들을 돕는 일인지 해치는 일인지를 생각해 볼 시간을 준다. 기도 중에 우리는 자기 자신을 넘어서 하느님을 향해 나아가게 된다. 결과적으로 우리는 신앙의 빛 속에서 보다 넓은 시각으로, 자신의 한계적 관점을 벗어나 한층 확장된 지평에서 사물을 보게 된다. 따라서 우리의 선택 또한 더 신중하고 더 많은 것을 끌어안을 수 있게 된다.

기도는 또한 우리가 결정을 내릴 때에 더욱 인내심을 갖게 해 준다. 결정을 할 때 기도를 하면 선택을 위한 합당한 시점을 아는 것이 중요하다는 것을 인정하게 된다. 기도가 기다림과 지혜를 조정해 줌으로써 결정의 순간이 식별의 순간이 된다. 시편 저자는 기도가 하느님과 그분의 조명을 기다리는 것이라고 자주 말했다. "당신께 바라는 이들은 아무도 수치를 당하지 않으나… 당신의 진리 위를 걷게 하시고 저를 가르치소서. … 날마다 당신께 바랍니다. 당신께 바라니 결백함과 올곧음이 저를 지키게 하소서."(시편 25,3.5.21) 기도는 우리 자신에게 귀를 기울이고 다른 이들을 배려하며 결정하고 행동하기에 가장 좋은 시간이다. 그 결과로 내려진 결정들은 많은 열매를 맺을 수 있는 훌륭한 것이 된다.

14. 기도가 나를 더 좋은 사람으로 만들어 주는가?

 기도가 더 나은 결정을 하도록 도와주었는가? 대답은 "그렇다."이다. 기도는 우리를 더 좋은 사람이 되도록 도와준다. 기도하는 습관을 가지고 매일 기도를 하면 우리는 더 많이 성찰하는 사람이 될 수 있다. 그리고 보다 나은 가치관에 상응하고 공동선을 위한 선택들을 적절한 때에 할 수 있다. 다시 말해 기도는 더 잘 살아가는 방법이다.

 윤리·도덕적인 선택들 이상으로 기도는 우리를 분명히 더 성실하게 만들어 준다. 만약 기도가 더 깊은 내적 삶을 살게 해 준다면 우리는 확실히 진정한 삶의 토대를 잡을 수 있다. 기도는 하느님 앞에서 자신의 진실을 대면하도록 끊임없이 초대해 준다. 또한 기도하는 사람이 서서히 현실적인 태도를 갖게 함으로써 정직하고 겸손한 사람이 되게 해 준다. 곧 "흠 없이 걸어가고 의로운 일을 하며 마음속으로 진리를 말하는 이"(시편 15,2)가 되게 해 준다.

15. 기도는 내가 죄를 짓지 않도록 지켜 주는가?

죄는 마치 하느님이 안 계시는 것처럼 사는 것이다. 하느님을 무시하고 잊은 채 돌아서서 멀리 가 버리는 것이다. "어리석은 자 마음속으로 '하느님은 없다.' 말하네. 모두 타락하여 불의를 일삼고 착한 일 하는 이가 없구나."(시편 53,2)

반대로 기도는 하느님을 기억하는 것이다. 자신의 의지로 신중하게 자기 삶 속에 하느님을 위한 시간과 공간을 마련하는 것이다. 하지만 기도 자체가 우리를 죄로부터 보호해 주지는 않는다. 그것은 자기 자신이나 신앙의 삶을 사는 많은 사람들(수도자나 교회 지도자도 포함해서)을 생각해 봐도 알 수 있다. 아무리 규칙적으로 진지하게 기도를 해도 종종 우리는 나약함으로 넘어지곤 한다. "마음은 간절하나 몸이 따르지 못한다."(마르 14,38; 마태 26,41) 주님의 기도에서 마지막 간청은 "저희를 유혹에 빠지지 않게 하시고"이다. 예수님께서는 우리 자신이나 다른 모든 이들이 죄로 빠지는 경향을 끊임없이 경계해야 함을 일깨워 주신다.[8] 기도는 우리를 욕망의 유혹에서 벗어나게 해 주지 않으며, 폭음이나 폭식, 탐욕과 태만에서 우리를 자유롭게 해 주지 않는다. 또한 파괴적인 분노나 교활한 질투, 거드름을 피우는 교만에 대한 면역성을 주지 않는다. 아빌라의 성녀 데레사는 유혹과 악덕들은 하느님과의 대화와 친교를 방해한다고 했다. 그리고 "기도하고 있는 상태에서도 영혼과 전쟁을 한다."고 했다.[9]

기도는 점진적으로 덕행을 성장시켜 준다. 삶 속에 하느님의 은총을 위한 자리를 마련하고 그분을 기억하는 시간을 따로 마련할 때 우리는 조금씩 변화하게 된다. 기도 중에 우리는 하느님과 자기 자신에 관한 진실과 대면한다. 시간이 지남에 따라 이 만남은 우리의 자만심을 조절하고 시기심을 완화시키며 분노를 가라앉힌다. 기도의 기쁨은 우리의 악습을 완화시키고 근면함을 회복시켜 주며 사랑을 정화시켜 준다.

기도는 마술이 아니다. 기도는 우리 안에 있는 악으로부터 우리를 보호해 주는 부적이 아니다. 또한 우리를 위협하는 외부의 위험을 물리쳐 주는 주문도 아니다. 기도는 하나의 선택이다. 우리가 원할 때, 필요할 때마다 자주 하느님을 기억하고 그분께 돌아가는 선택이다. 기도하는 가운데 우리는 의식적으로 하느님의 은총 속으로 들어가 그분의 은총을 누린다. 하느님의 은총은 언제 어디서나 우리를 위해 존재하며 우리를 도와준다. 사도 바오로의 충고처럼 우리는 영과 마음이 새로워져, 진리의 의로움과 거룩함 속에서 하느님의 모습에 따라 창조된 새 인간을 입어야 한다(에페 4,23-24 참조).

16. 누구나 가끔씩 하느님에 대해서 생각한다. 그런데 내가 정말 기도하고 있다는 것을 어떻게 알 수 있을까?

단순히 하느님을 생각하기만 해도 기도하는 것이라고 할 수 있다. 사랑하는 사람을 생각할 때 우리는 그와 더 깊은 관계로 나아가지 않는가! 하느님을 기억하거나 생각하는 것도 마찬가지다. 그렇지만 기도를 규정하는 요소로 세 가지를 말할 수 있다.

첫째, 지향이다. 기도를 하겠다는 아주 간단한 결정, 하느님께 정신과 마음을 들어 올리겠다는 지향은 이미 기도이다. 바쁘게 사는 부모들은 몇 분만 조용히 기도하려고 해도 즉시 아이들 때문에 방해를 받으며, 단 몇 초의 명상을 하려 해도 전화벨이 울린다. 하느님께서는 이 모든 것을 다 아신다. 그래서 우리가 피해 갈 수 없는 장애가 기도를 방해할 때도 우리의 지향을 사랑의 희생 제물로 받아 주신다. 성 프란치스코 드 살(1567-1622)은 지금도 많은 사람들에게 사랑을 받고 있는 저서 「신심생활 입문」을 통해서 당시 사람들이 바쁜 생활 중에도 매일 기도하려는 지향을 갖도록 격려했다. 그의 통찰과 격려는 많은 그리스도인들의 생활을 풍요롭게 해 준다.

둘째, 숙고이다. 분심을 피할 수는 없지만, 기도는 숙고의 몇 가지 요소를 필요로 한다. 상대방에게 주의를 집중해야 대화를 잘할 수 있듯이, 기도는 우리의 정신과 마음을 다른 것들에서 떼어 하느님께로 돌리는 것이다. 그러므로 우리는 하느님께 초점을 맞추는 길을 세워야 한다. 초점을 맞춘다는 것은 깊은 묵상 또는 관상으로, 다른 모든 분심을 배제한 심오하고 열렬한 것이다(질문 52-63 참조). 그 외에도 여러 방법으로 하느님을 향하여 바라보고 깊이 생각한다. 이처럼 기도는 어떤 방법으로든 숙고를 필요로 한다.

셋째는 내면성이다. 기도는 하느님께로 향하는 것이다. 그러기 위해서 내면으로 들어가야 한다. 아우구스티노 성인도 기도의 핵심으로 내면성을 강조했다. "오, 하느님, 당신은 제 마음의 빛이 되시고 제 영혼의 입에 음식이 되시며 제 마음과 생각의 심연을 연결시켜 주시는 힘이 되십니다."[10] 여러 가지 면에서 기도는 우리 안에 사시며 우리를 부르시는 하느님께 응답하는 것이다. 하느님의 내재는 여러 종교들 안에서 나타난다. 힌두교 경전에서는 하느님을 "마음의 연꽃으로 내재하는 무한한 자신"이라고 한다.[11] 신명기에서는 하느님의 말씀이 "너희에게 아주 가까이 있다. 너희의 입과 너희의 마음에 있기 때문에"(신명 30,14)라고 선언한다. 이슬람교에서 아흔아홉 개나 되는 하느님의 이름 가운데 하나가 '내재'al-Batin이다. 하느님은 우리 안에 계시며, 모든 사물 안에 계시고, 그 모든 사물들을 속속들이 알고 계신다(쿠란 57,3).

자기 자신이 기도한다는 것을 어떻게 알 수 있을까? 기도하려는 지향을 가질 때, 하느님의 현존을 숙고할 때, 자기 영혼 속으로 들어갈 때 우리는 기도의 신비 속으로 들어간다. 그것이 단지 짧은 순간이든 분심이 드는 순간이든, 또는 아주 깊고 긴 관상이든 우리는 이미 기도의 신비 속으로 들어간 것이다.

2부
기도와 종교

기도를 인식하려는 노력과 한계

17. 공식적인 종교 예절이나 예식을 기도라고 생각할 수 있는가?

 그렇다. 개인적인 기도와 마찬가지로 종교 예절이나 예식도 정신과 마음을 하느님께로 들어 올리고 그분께 무엇인가를 청하는 기도이다. 각 종교 전통에서 사용되는 예절이나 성사들은 사람들을 기도에로 부르는 최고의 초대이다. 대부분의 종교 예절이 사람들을 기도에로 초대하며 시작한다. 유다인들의 기도는 항상 모든 선의 근원이신 하느님을 찬양하기 위해 예배자들이 한자리에 모였음을 상기하며 "Baruch Atah Adonai-오 하느님, 찬미 받으소서."라고 시작한다. 그리스도인들의 예배는 언제나 그리스도와 성령을 통해서 하느님의 현존 안으로 들어가도록 회중을 초대하며 "성부와 성자와 성령의 이름으로." 시작한다. 이슬람교에서는 "기도하러 오라."고 부르고, 날마다 하루에 다섯 번의 종을 치며 "Allahu Akbar-하느님은 위대하시고 경배를 받으심이 마땅합니다."라고 선언한다.

공적 예식은 전통과 관습을 통해서 몇 세기에 걸쳐 발전해 왔다. 공동체의 구성원이 함께 모여 서로의 믿음을 나누고 하느님을 찬양하는 가운데 공적 예식은 하느님께 감사드리는 일에 있어서 서로 돕고 지지해 준다.

18. 공적 기도가 개인적인 기도보다 더 우월하고 더 강력한가?

아무도 공적 기도나 개인 기도, 그 어떤 기도의 상대적 가치를 측정할 수 없다. 기도는 모든 인간적인 척도와 비교를 초월해 지극히 거룩하신 분이 받으시는 것이기 때문이다. 기도에 대한 하느님의 생각은 우리의 영역이 아니며, 기도를 평가하는 그분의 방법은 우리와 다르다(이사 55,8-9 참조). 예수님께서는 성전에서 가난한 과부가 낸 헌금의 큰 가치를 말씀하시며 하느님의 시각에 대해 암시하셨다(루카 21,1-4 참조). 그러므로 공식적인 기도든 개인적인 기도든 어떤 것이 더 좋다고 하기보다는 그냥 다르다고 해야 한다.

19. 공동 기도와 개인 기도의 주된 차이점은 무엇인가?

공동 기도는 혼자가 아니라 다른 이들과 함께하는 것이다. 더 나아가 확립된 종교 전통의 공식 예식과 단순히 한자리에 모여 같이 기도하는 신자들의 비공식 모임으로 구별할 수도 있다.

후자인 비공식 기도 모임은 하느님께 마음과 정신을 들어 올리며 선한 지향을 위해 같은 신앙을 가진 사람들 또는 서로 다른 신앙을 가진 사람들이 비공식적으로 함께한다. 예를 들어 아침 기도 모임이나 평화를 위한 종교인 기도 모임 또는 죽은 이들을 위한 추도회 등이 있으며, 말씀 나눔이나 침묵 묵상 또는 특정 행위 등을 통해 기도한다. 참석자들은 서로 다른 이들의 신앙을 존중하고 각자의 하느님과의 관계를 지지한다. 이러한 모임은 참석자들과 그들의 삶에서 귀중한 가치를 지닌다.

비공식 기도 모임들은 각 종교의 공식 또는 전례 예식과는 다르다. 매주 지내는 안식일Sabbath, 해마다 축하하는 속죄일 Yom Kippur, 로슈 하슈바나Rosh Hashanah, 유월절Passover은 수천 년의 전통을 반영하는, 유다교의 오래된 가치관과 깊은 신앙의 표현이다. 가톨릭교회의 미사와 그리스도교의 예배 및 성사들은 구세주이신 예수님 안에서 교회의 오래된 신앙과 성령의 선물을 구체적으로 표현한다. 이슬람교에서 매일 다섯 번 드리는 기도와 라마단Ramadan 달의 엄격함은 모슬렘들의 하느님에 대한 복종과 보편적 형제애를 드러낸다. 힌두교에서 신에 대한 신앙과 신심은 다양한 예식과 관습으로 표현된다.

종교의 공식 예식 속으로 들어가 보면, 언어·상징·행동·음악·의상·향·동작 등이 전통 안에서 함께 어우러져, 공동 기도의 독특한 형태와 양식을 만들어 내면서 축하하는 것을 알 수 있다. 효과적인 예식의 결과로 참여자들은 서로 일치되어 하느님께 정신과 마음을 들어 올린다. 그렇게 함께하는 기도는 그 종교에서 하느님을 이해하는 방법이고 그분과 관계 맺는 방법, 그분께 나아가는 방법을 반영한다.

20. 다른 이들과 함께하는 공적 기도는 나의 개인적인 기도에 도움을 줄까?

그렇다. 신앙 전통의 공식적인 종교 예식이나 비공식 기도 모임에서의 나눔은 우리의 개인적인 기도를 풍요롭게 하는 강력한 신앙 체험이 될 수 있다. 또한 마찬가지로, 우리가 개인적으로 바치는 기도 또한 공적 기도에 더욱 충실하게 참여하도록 우리를 준비시켜 준다. 집에서 개인적으로 바치는 기도 및 마음속으로 바치는 기도와 나눔 등은 상호 보완적이다.

21. 공식 예식 중에 기도를 하면서 지루해하거나 분심에 빠지는 것은 잘못인가?

잘못이 아니다. 공식 예식에는 사람을 지루하게 만드는 요소들이 있을 수 있다. 우리는 때때로 종교의 형식적인 위선에 대해서 힘들어한다. 예수님께서도 말씀하셨다. "너희는 기도할 때에 위선자들처럼 해서는 안 된다. 그들은 사람들에게 드러내 보이려고 회당과 한길 모퉁이에 서서 기도하기를 좋아한다." (마태 6,5) 또 예수님은 기도가 말이 많고 반복적이거나 무의미할 수 있다고도 하셨다. "너희는 기도할 때에 다른 민족 사람들처럼 빈말을 되풀이하지 마라. 그들은 말을 많이 해야 들어 주시는 줄로 생각한다."(마태 6,7) 어떤 종교의 공식 기도라도 공허한 몸짓이나 무의미한 상징 또는 이기적인 행위가 될 수 있다.

개인 기도 생활 역시 정체될 수 있다. 기도 생활은 마치 높고 낮은 산과 협곡을 지나는 여행과 같다. 메마른 사막과 같은 때도 있고 끝이 안 보이는 넓은 들판을 묵묵히 가로질러야 할 때도 있다. 이럴 때에 공식적인 전례 예식이 활기를 띠면 우리가 약함을 느끼며 주저하고 흔들릴 때 그것은 개인적인 기도 생활을 받쳐 주고 일으켜 세워 준다. 그러나 공식 예식에 참여하기를 소홀히 하면 우리의 신앙까지도 어긋나게 된다. 가끔 개인 기도와 공식 기도를 잘 통합하기 어려울 때도 있지만, 쉽사리 자신의 종교 전통의 공식적인 예식을 전부 무시해 버려서는 안 된다. 그런 결정은 통찰력을 가진 공동체 구성원들의 신앙의 뿌리를 박탈하는 것이다.

22. 왜 어떤 종교 예식들은 다른 종교 예식보다 더 매력적이고 풍성한 영감을 주는가?

어떤 공동체는 종교 예식을 거행하기 위해서 심사숙고하고 철저히 준비하며 많은 자원을 쏟아붓지만, 그렇지 않은 공동체도 있다. 공동체의 종교 예식에 참석해 보면 그 공동체가 종교 예식을 얼마나 중요시하는지를 알 수 있다. 예식은 언어, 상징, 움직임을 포함한다. 따라서 좋은 종교 예식을 위해서는 심미적인 감각이 필요하다. 아름다운 언어와 음악, 믿음을 귀하게 품고 있는 상징들, 조심스러운 움직임, 품위 있는 동작들은 모두

어우러져 하느님께 마음과 정신을 들어 올리는 데 도움을 준다. 조심성 없고 조화롭지 못한, 볼품없는 예식은 그분께 청하는 기도를 하찮게 끝나 버리게 한다.

효과적인 예식은 비용이 많이 들거나 복잡할 필요가 없다. 아름다움과 단순함, 진지함이 함께 모여 강력한 공동 기도를 가능하게 한다. 아름답게 진행된 예식은 그들이 기쁘게 따르는 신앙에 대한 신념과 가치를 전달해 준다. 좋은 예식에 참여해 회개하는 사람들을 자주 볼 수 있다. 신자들이 함께 축하하는 예식을 통해서 하느님의 은총을 체험하기 때문이다.

23. 어릴 때 배우고 외운 기도문들을 어른이 되어도 사용할 수 있을까?

우리 대부분이 유년기에 기본적인 기도들을 배웠다. 그 가운데는 '잠을 자려고 누워서…'로 시작되는 기도와 같이, 특별히 어린이들을 위한 기도들이 있다. 또한 교회의 예식들이나 교리 교사와 부모로부터 교회에서 전통적으로 사용하는 공적 기도와 축복의 기도들도 배웠다.

신앙의 여정을 걸어가면서 우리는 더 복잡하고 풍부하며 감동적인 다른 기도들을 배운다. 또 신앙생활에서 깊은 체험을 표현하는 데 도움이 되는 다른 종교 전통들의 기도문을 사용할 때도 있다. 어려운 일을 당하면 보통 우리는 어릴 때 배운 기도를 찾게 되는 일이 자주 있다. 마치 우리가 지닌 지역적 특색이나 가풍처럼 그런 기도들은 우리의 가장 깊은 내면에서부터 나오기 때문이다.

종종 어릴 때 배운 지극히 단순하지만 깊은 뜻이 담긴 기도는 큰 위로가 된다. 스트레스가 심할 때면 어린 시절 특유의 관계 맺기와 모방하기 방법으로 돌아가는 경향이 있다. 전쟁 영화를 보면 불타는 전장에서 군인들이 성모송이나 "주님은 나의 목자시니…"라고 시편 23편을 읊조리는 장면들이 나온다. 그것은 어릴 때 배운 기도들이 지닌 심리적인 힘을 단적으로 보여 주는 예들이다.

세월이 흐를수록, 처음으로 하느님께 우리의 마음과 정신을 들어 올리면서 청하게 이끌어 준 어릴 적 단순한 기도들의 지혜와 깊이를 인정하고 감사하게 된다.

24. 기도할 때 무릎을 꿇는 것이 더 좋을까?

하느님께서는 우리가 어떤 방식으로 기도하든 들어 주시므로 어떤 자세로 기도를 하든지 차이가 없다고 말할 수 있다. 하지만 기도는 몸과 마음을 모두 사용하는 전인적全人的 행위이다. 그러므로 자세나 동작, 움직임 등 우리의 모든 감각을 사용하면 기도에 들어가기도 쉽고 오랫동안 기도를 지속할 수도 있다.

종교의 공식 예식들은 기도 중 우리가 몸을 어떻게 사용해야 하는지를 가르쳐 준다. 예를 들어 가톨릭의 미사는 여러 가지 자세나 동작, 보고 느끼는 체험을 활용한다. 행렬, 앉아서 독서를 경청하기, 복음에 대한 공경의 뜻으로 서서 듣기, 공동 기도는 모두 한마음으로 선 채로 하기, 감사와 경배를 드릴 때 무릎 꿇기, 평화의 인사 때 포옹하거나 악수하기, 십자 성호 긋기, 향 피우기, 전례에 따라 색깔을 달리하기 등이다. 아프리카의 가톨릭 신자들은 전례 중에 자기 부족의 춤을 적극 사용한다.

유다인들의 예절에서도 몸과 감각을 사용한다. 매주 금요일 안식일이 시작되는 저녁이면 가족이 함께 식탁에 둘러앉아 포도주와 빵을 나누어 먹는다. 그때 여주인은 두 개의 안식일 초에 불을 붙인 뒤, 눈을 감고 촛불 위로 두 손을 흔들면서 불꽃 위에 하느님의 축복이 내리기를 간청한다.

이슬람교에서도 매일 다섯 번 바치는 기도에서 몸과 감각을 사용한다. 기도 중에 신도들을 하나로 감싸는 복잡하고 아름다운, 고행과 같은 동작들이 반복된다. 무릎 꿇기, 깊은 절, 엎드리는 동작 등이다. 이슬람교의 수피 전통에서 탁발승들의 빙빙 도는 춤은 그들이 어떻게 하느님과 무아경의 일치를 이루는지 보여 준다.

이처럼 종교적 공식 예식들은 우리가 기도 생활에서 성장하고 개인 기도를 잘 실천할 수 있도록 도와준다. 우리는 자신의 종교 전통의 관습을 실천하는 한편, 다른 종교 전통에서 사용하는 동작과 움직임을 활용함으로써 우리의 전통을 더욱 풍요롭게 만들 수 있다.

25. 교회와 같은 거룩한 장소에서 기도를 하면 하느님께서는 내 기도를 더 잘 들어 주실까?

아니다. 하느님은 어디에나 계시고 우리 영혼 가장 깊은 곳에 머무신다. 문제는 어떤 장소와 공간이 우리가 좀 더 기도 속으로 깊이, 더욱 집중하게 도와주는가이다. 그래서 교회나 성전, 절, 성지와 같은 거룩한 장소에서 기도하고 싶을 때도 있고, 한적한 숲속을 걷거나 바닷가 바위 위에 앉아서 기도할 때 하느님을 더 가까이 느끼기도 한다. 기도를 할 때 이런 공간적

충동을 살피는 것은 중요한 일이다.

집 안에서 매일 기도를 할 장소를 정해 놓는 것도 도움이 된다. 그곳에 성경이나 상징물 또는 성물을 두어서 고귀한 자리로 장식해 놓으면 우리가 기도 속으로 들어가는 데 도움이 된다.

26. 묵주와 같은 성물의 목적은 무엇인가?

가톨릭교회의 묵주 기도는 중세 수도원의 복잡하고 정교한 예식으로 발전한 성무일도를 대신해서 일반 대중이 기도하도록 만든 기도이다. 묵주 기도는 주님의 기도 한 번과 성모송 열 번을 합쳐서 한 단으로 하는 기도로, 20단으로 되어 있다. 각 단마다 묵주 알을 하나씩 굴리면서 다음 기도로 넘어가는데 예수님과 성모님의 생애를 묵상하며 기도한다.

다른 종교들에도 구슬을 굴리면서 하는 여러 가지 형태의 기도들이 있다. 힌두교와 불교에서는 염주를 굴리며 기도문과 만트라를 반복한다. 이슬람교도들도 그들의 묵주를 이용해서 하느님의 이름을 99번 반복하고, 그분께 영광을 드리는 기도를 33번 반복한다. 모든 기도 전통에서 기도 구슬이나 묵주 등을 사용한다. 그것은 하느님께 마음을 들어 올리는 기도와 묵상을 돕도록 몸을 사용하고 마음을 고요하게 만들기 위한 것이다. 이런 기도 방법은 여러 문화들 속에 존재한다. 구슬을 엮어 만든 간단한 줄을 이용해 자신의 몸을 기도 속으로 들어가게 하는 것은 인간의 뛰어난 창의력을 보여 준다.

27. 내용은 별로 생각하지 않으면서 입으로만 되풀이 하는 것도 기도가 될까? 예를 들어, 우리는 묵주 기도를 할 때 성모송을 계속 반복한다.

질문 16에서 기도를 구성하는 세 가지 요소인 지향과 숙고 및 내면성에 대해 이야기했다. 물론 가장 중요한 것은 지향이다. 그러나 기도할 때 자주 분심이 들곤 한다. 주위에서 일어나는 일들 때문일 수도 있고 자신의 생각 때문일 수도 있으며 우리 안에서 우리를 괴롭히는 문제들 때문일 수도 있다. 기도 중 공상에 잠겨 있는 자기 자신이나, 걱정에 빠져 있는 자신, 문제를 해결할 방안을 생각하는 자신을 발견한다. 그런 생각들에 빠져 있거나 다른 이들에 대한 이야기를 하고 있는 자신을 발견한다면 그 즉시 우리는 다시 하느님께 정신과 마음을 향하도록 우리의 지향을 쇄신해야 한다. "마음은 간절하나 몸이 따르지 못한다."(마태 26,41) 이를 다 아시는 하느님께서는 방해를 받으면서 드리는 기도 또한 무시하거나 저버리지 않으신다.

28. 일상의 업무나 자질구레한 일을 하느님께 '봉헌하여 바치는 것'도 기도가 될 수 있을까?

그럴 수도 있고 아닐 수도 있다. 우리는 단순히 그렇게 하겠다는 지향만을 다짐하며 하느님께 일상의 업무나 자질구레한 일들을 바칠 수 있다. 그것은 우리가 지향을 가지고 하느님을 위해서 따로 바쳤기에 희생이 된다. 가톨릭교회에서는 이런 신심이 아침 봉헌으로 표현된다.

그러나 기도를 마음과 정신을 하느님께로 들어 올리고 하느님께 좋은 것을 청하는 것이라고 정의한다면 이런 것은 기도가 아니다. 성 베네딕토는 그의 유명한 규칙서에서 하루를 기도orare와 일laborare로 건전하게 균형을 맞추어야 한다고 말했다. 그는 절대로 이 두 가지를 동일시하지 않았다. 실제로 그는 수도원 일과에서 이 두 가지를 명확히 구별했다. 일에 중독이 된 현대 사회에서 우리는 기도라는 이름으로 일에게 '세례를 주거나' 일을 기도라고 부르지 않도록 조심해야 한다. 그런 식의 접근은 기도를 피하는 좋은 핑계를 만들어 준다. 돈을 벌어야 하고 승진을 해야 한다는 압박을 받지만, 우리는 일을 중단하고 잠시 책임과 의무를 옆으로 제쳐 놓은 다음, 창조주이신 하느님을 기억하고 찬미와 감사를 드려야 한다.

여러 가지 종교적 관습들은 우리가 삶의 균형을 잡을 수 있도록 도와준다. 정통파 유다인이나 보수적인 유다인은 안식일을 지키면서 일하지 않는다. 이슬람교도들은 살라트(Salat, 하루 중 다섯 번 바치는 기도)를 위해서 일을 중단한다. 그런데 서양에서는 '프로테스탄트의 일 윤리학'이 주일의 성스러움을 약화시키는 경향을 보였고, 기도를 위해서 일정 시간을 성화하는 모든 종파의 그리스도인들의 노력이 다소 줄어들었다.

29. 희생은 기도인가?

그렇다. 희생은 일종의 기도이다. '희생'sacrifice이라는 단어는 "거룩하게 만들다"라는 뜻을 가지고 있다. 우리가 무언가를 하느님을 위해서 따로 떼어 놓거나 그분께 바칠 때 그것은 거룩하게 된다.

종교의 역사는 끝이 없을 정도로 많은 희생의 본보기로 가득

차 있다. 어떤 희생은 영감을 주고, 어떤 희생은 끔찍하다. 땅에서 거둔 첫 수확과 가축 가운데 가장 좋고 흠 없는 것, 귀중한 보석이나 공예품, 첫아기 등이 하느님을 위해 따로 떼어 놓아졌다. 때로는 희생 제사의 죽음을 통해 바쳐지기도 한다. 그러나 희생의 핵심은 파괴나 죽음이 아니다. 희생의 본뜻은 귀한 가치가 있는 무엇을 하느님을 위해서 따로 떼어 놓고 그분의 것으로 지정하여 그것을 드러내는 것이다.

그러므로 우리는 아침마다 하루 전체와 그날의 수고를 하느님께 바칠 수 있다. 우리의 에너지와 시간은 귀한 가치를 지녔으므로 단순히 그렇게 하겠다는 지향을 가지고 하느님께 희생으로 바칠 수 있다. 우리가 한 일의 열매도 그분께 봉헌하여 따로 떼어 놓음으로써, 다른 사람들이 그 이득을 누리게 할 수 있다(특히 그것을 필요로 하는 사람에게 돌아가게 할 수 있다). 또한 우리 그리스도인은 사순 시기처럼 정해진 기간 동안 먹지 않고 마시지 않을 수도 있다(모슬렘은 라마단, 유다인은 속죄일Yom Kippur 동안에). 이 모든 것이 하느님을 기억하고, 경외하며, 찬양하고, 그분께 감사를 드리려 간구하는 희생의 실례들이다.

그러므로 마음과 정신을 하느님께로 들어 올리고 좋은 것을 청하면서 바치는 희생의 행위는 기도이다. 희생은 구체적으로 표현된 형태의 기도이다. 기도 지향은 우리의 일터에까지, 문화적 관습을 초월해 확대된다. 우리는 일하는 동안, 간식을 먹거나 다른 사람들과 이야기할 때도 하느님을 기억한다. 희생은 단순하면서도 정교한 기도이다. '과부의 헌금'처럼 다른 사람이 쓸 수 있도록 혼자 몰래 바친 희생이 되었든, 라마단 기간 동안 해가 떠서 질 때까지 벌이는 떠들썩한 행사가 되었든 모든 희생은 기도하는 신앙의 강력한 증거이다. 희생을 기도로 만드는 핵심 요소는 외적 행동으로 상징되고 표현되는 내적 지향과 하느님께로 향하는 마음과 정신이다.

30. 하느님께로 향하지 않는 음악이나 미술 등의 예술 활동도 기도로 간주할 수 있을까?

다양한 인간의 활동들은 하느님께로 향하게 만들어 주는 은총의 기회가 된다. 우리는 음악이나 미술 등 하느님께서 친히 주신 재능이나 기술을 통해 정신과 마음을 그분께 향할 수 있다. 이런 활동들은 우리가 하느님과 대화를 시작하거나 그분의 현존을 느끼게 해 주고, 우리의 근원이자 숙명인 하느님의 사랑을 상기시킴으로써 기도가 나오게 한다.

예술가의 활동은 특별히 기도에로 기울어지는 경향이 있다.

예술은 본질적으로 창조적 활동이기 때문이다. 음악·미술·조각·건축·목공·저술·일러스트 등 모든 인간의 예술 작업은 새로운 형태를 현실로 가져오는데, 그것은 새로운 현실을 만들어 내는 하느님의 활동과 비슷하다. 예술가가 예술의 이런 영적인 면을 의식하고 그것을 포용하면 마음과 영혼의 활동에 기도가 스며들어 예술 활동을 풍요롭게 한다.

정교회의 성화들은 예술과 기도의 이러한 관계를 구현하여 독특하게 표현하고 있다. 그리스도와 마리아, 여러 성인들 및 천사들을 그처럼 이차원적으로 표현하기 위해서 화가들은 기도와 단식으로 준비하는 기간을 가졌음에 틀림없다. 그리고 작업 자체가 기도로까지 확대되는 것이라 생각했을 것이다. 즉 그러한 작품들은 그것을 보는 사람들의 마음과 정신을 하느님께로 들어 올리는 것을 목적으로 한다.

31. 왜 사람들은 자기 종교의 성화나 성상을 향해 기도하는 것일까?

기도란 하느님께 마음과 정신을 들어 올리고 좋은 것을 청하는 것이라고 정의한 사실을 기억하자. 성화나 성상, 종교적 상징물은 무엇이나 그 자체로 기도의 대상이 되지 않는다. 다만 기도에 도움이 될 뿐이며, 거룩하신 분께 마음과 정신을 들어올려 그분과의 관계 속으로 들어가도록 도와준다.

할리우드 영화에 나오는 원시 종교 예식들의 묘사 장면을 보면, 사람들이 종교적인 예술품이나 산 또는 동물들을 숭배하는 듯한 인상을 받는다. 하지만 인류학자들의 주의 깊은 연구 결과에 따르면, 고대 사람들이나 토착민들이 상징물을 통해 신들에게 접근하는 방법은 매우 복잡한 것이었음을 알 수 있다.

물론 거의 모든 종교 전통에서 종교적 상징물을 신과 동일시하는 실수를 범한 것은 사실이다. 유다교와 이슬람교는 종교적 상징의 중요성이나 그 역할을 과장해 집착함으로써 섣불리 신에게 다가가려는 인간의 경향을 특별히 경계하는 한편, 성화나 성상의 사용을 훨씬 더 많이 제한했다. 반면 그리스도교와 힌두교는 다양한 상징을 통해 하느님의 현존을 드러냈으며, 종교적 초상들도 많은 편이다. 요컨대 종교적 이미지나 그림, 성상, 이콘들의 올바른 역할은 우리의 마음과 정신을 하느님께로 들어 올리도록 도와주고, 다만 한 분이신 그분께 좋은 것을 청하도록 격려하는 것이라고 할 수 있다.

32. 글쓰기나 일기도 기도라고 할 수 있을까?

그렇다. 글쓰기나 일기쓰기로 우리는 하느님께 대한 느낌이나 생각들을 표현할 수 있다. 나아가 글을 쓰는 도중에 묵상이나 성찰의 시간을 갖는다면 기도에 더 큰 도움이 된다.

성경을 기록한 저자들이 어떻게 글을 썼는지를 상상해 보면, 그들이 기도를 하면서 얼마나 많은 영감을 받았는지 알 수 있다. 그들의 글쓰기는 하느님께 마음과 정신을 들어 올리는 것이었다. 우리 또한 그들의 글을 읽으며 거룩하신 분께 마음을 들어 올리도록 영감을 받는다.

33. 종교적 의미를 지니지 않은 글을 읽거나 세속적인 음악을 듣는 것도 기도가 될 수 있을까?

그렇다. 어떤 책이나 기사의 내용 또는 음악의 일부가 우리의 마음과 정신을 하느님을 향해 열게 하고 그분께 도움을 청하도록 마음을 움직인다면 그것은 은총의 기회가 되고 기도의 때가 된다.

가톨릭 신학에서는 모든 피조물 안에서, 모든 피조물을 통해 작용하는 하느님 사랑의 은총을 발견하는 것을 '성사적 원칙'이라고 한다. 모든 피조물이 하느님의 작품이고, 그분의 신성함을 반영하기 때문이다. 예술 작품이 그 예술가의 개성과 열정을 반영하듯이, 피조물은 창조주의 흔적을 간직하고 있다. 따라서 피조물 가운데 어떤 것이든지 그 자신의 원천인 창조주와의 친교로 우리를 불러들일 수 있다. 예술적 정교함이나 심미적 원칙, 아름다움의 역동성을 의식할수록 그 사람은 예술의 구조나 강함을 유지하는 하느님의 신성한 능력에 더욱더 민감해진다고 말할 수 있다.

34. 과학 연구도 기도의 기회가 될까?

물론 그렇다. 예술의 심미감이 우리의 정신과 마음에 영감을 주는 것과 마찬가지로 우주 법칙의 신비와 균형 및 아름다움은 우리를 기도하게 만든다. 특별히 경배와 감사의 정을 불러일으킨다. 뛰어난 과학자들은 어떻게 물리적 현상이 형이상학으로 인도하는지, 살아 있는 유기체의 복합성이 어떻게 생명의 신비를 열어 보여 주는지, 우주에 있는 화학적 요소들의 무한한 복합성과 상호 의존성이 어떻게 존재의 의미를 묵상하게 하는지 기록해 두었다. 과학 연구는 종교적 심성을 가진 많은 사람들이 하느님께 마음과 정신을 들어 올리도록 해 준다. 과학 연구를 위해서는 세밀한 관찰을 해야만 하고, 다양한 실험을 해야 하며, 신중한 예측을 해야 하므로, 과학이 심사숙고한 질문들은 흔히 신앙과 기도의 영역으로 사람들을 인도한다.

근대 영국의 사제이자 물리학자인 존 폴킹혼John Polkinghorne은 과학이 신앙과 기도를 우주의 상황 속으로 가져가게 만든다고 생각한다. 그는 세상의 종교들은 지난 몇 세기 사이에 생겨났지만, 우주 자체는 150억 년이나 오래되었음을 상기시킨다. 과학 이론이나 질문들은 우리의 신앙을 넓혀 주고 기도의 깊이를 심화한다.

3부
그리스도인의 기도

가톨릭 신자로서의 기도란

35. 그리스도인은 예수님께 기도하는가? 하느님께 기도하는가?

그리스도인은 나자렛 사람 예수님을 믿는다. 그분은 하느님으로서 사람이 되어 오셔서 인간의 역사와 운명을 온전히 함께 하셨다. 예수님께서 하느님의 아들이라는 그리스도인의 기본 신앙은 기도에서 심오한 의미를 지닌다. 실제로 신앙은 우리가 이미 정의를 내린 바와 같이 더 깊이 있는 기도로 인도한다.

그리스도인이 마음과 정신을 하느님께로 들어 올릴 때 신앙의 행위는 언제나(즉시) 예수님 안에 드러나는 하느님의 마음과 정신을 만난다. 우리는 하느님께 어떤 청이라도 드릴 수 있는데, 이미 그분께서 모든 것을 예상하고 계시기 때문이다. 하느님은 이미 예수 안에 계시된 당신 사랑의 충만함을, 최고로 좋은 것을 우리에게 주셨다. 그리스도인의 모든 기도는 어떤 모양으로든지 예수 그리스도 안에 계시된 하느님 사랑에 대한 응답이다.

36. 기도가 하느님과의 대화라면 그리스도인은 예수님께만 말씀드리는가?

그리스도인은 삼위이시면서 하나이신 분에 관한 삼위일체 믿음을 가지고 있다. 삼위일체의 세 위격 사이에는 역동성이 있다. 예수님은 하느님 아버지의 사랑을 우리에게 계시하시고(요한 14,8-14), 성령의 사랑을 우리의 마음과 정신에 쏟아 넣으신다(요한 14,16-17). 성령은 우리를 예수님과 일치시키고, 그분을 통해 성부와 일치시킨다. 예수님께 대한 믿음을 통해서 우리는 삼위이신 하느님의 무한하고 역동적인 삶에 참여한다. 그러므로 그리스도인은 성령의 도우심으로 예수님을 통해서 하느님 아버지께 기도한다.

그리스도인들은 때때로 모든 피조물의 아버지요 어머니이신 창조주 하느님께 직접 기도한다. 그 기도는 무한한 효과가 있다. "내가 진실로 너희에게 말한다. 너희가 내 이름으로 아버지께 청하는 것은 무엇이든지 그분께서 너희에게 주실 것이다."(요한 16,23)라고 하신 말씀이 이루어진다는 것을 알기 때문이다.

그리스도인들은 첫 순교자 스테파노처럼 "주 예수님, 제 영을 받아 주십시오."(사도 7,59)라고 예수님께 기도한다. 바오로 사도도 회개 때 "주님, 주님은 누구이십니까?"(사도 9,5)라고 예수님께 직접 기도했다. 이처럼 그리스도인들은 예수님께 기도한다. "아드님은 하느님 영광의 광채이시며 하느님 본질의 모상으로서, 만물을 당신의 강력한 말씀으로 지탱"(히브 1,3)하신다는 것을 알기 때문이다.

교회가 처음 생겨났을 때부터 그리스도인들은 또한 성령께 기도했다. 성령은 하느님의 거처이며, 그리스도인의 기도의 원천이시다. 로마 교회나 비잔틴 교회에는 성령 강림 축일의 전례 때, 성령께 바치는 기도가 있다.

37. 그리스도인은 교회의 공식 전례 기도를 누구에게 바치는가?

공식적인 예식의 기도에서 그리스도인은 일반적으로 가톨릭 미사의 감사 기도 끝에 요약된 양식을 따라서 기도한다.

"그리스도를 통하여, 그리스도와 함께, 그리스도 안에서 성령으로 하나 되어 전능하신 천주 성부, 모든 영예와 영광을 영원히 받으소서."

시작 기도, 예물 기도, 영성체 후 기도와 같은 미사의 공식 예절 기도는 언제나 항상 "예수 그리스도를 통하여 성령과 하나 되어" 성부께 드리는 기도이다. 대부분의 다른 그리스도교 공동체나 종파들의 예식 기도 또한 이 기본 양식을 따른다.

38. 왜 가톨릭 신자는 동정녀 마리아에게 기도하는 것인가?

가톨릭 신자의 마리아에게 관한 신심은 그분이 기도의 완전한 모범이라는 것을 인정할 때 가장 잘 이해할 수 있다. 이미 위에서 말한 것과 같이 그리스도인은 성령에 의해 예수님과 일치를 이룸으로써 **그분을 통하여 그분과 함께 그분 안에서** 하느님께 기도한다. 가톨릭의 가르침에 따르면 마리아는 예수님의 어머니이자 누구보다도 그분과 깊이 일치된 분이다. 마리아는 성령에 의해 예수님을 잉태하였다(루카 1,35). 이 성령은 신앙과 거룩함의 원천이며, 마리아를 성부의 뜻에 완전히 봉헌된 그리스도인의 모범으로 만들었다(루카 1,38.46-47).

가톨릭 신자들은 마리아를 경배하지 않으며 오직 하느님께만 드려야 할 찬양을 마리아에게 드리지 않는다. 가톨릭 신자들은 마리아를 존경하고, 찬미하고, 사랑할 뿐이다. 마리아는 하느님의 어머니로서 그리스도인의 신앙과 생활의 완전한 모범이시다.[12] 가톨릭을 비롯한 다른 그리스도교 신자들은 마리아와 일치하여 기도한다. 성령의 도우심으로 예수님을 통하여 하느님께 기도하는 마리아는 '그리스도인의 기도의 이상'을 자신의 인격으로 대표한다. 많은 예술 작품과 전례 작품이 손을 펴 들고 기도하는 마리아의 모습을 묘사하고 있다. 이런 마리아의 초상들은 그녀와 함께 우리의 정신과 마음, 몸과 영혼을 하느님께로 들어 올리도록 이끌어 준다.

39. 가톨릭 신자는 성인들에게 기도하는 것이 아닌가?

아니다. 가톨릭 신자는 성인들에게 기도하지 않는다. 성인들이란 누구인지 또 어떤 존재인지 잠시 생각해 보자. 그리스도교 초기에 어떤 이들은 성덕으로 유명해졌다. 특히 그리스도께 대한 신앙을 배반하지 않기 위해서 순교를 택한 사람들이 널리 알려졌다. 그래서 신자들은 순교자가 하느님과의 완전하고 영원한 일치 속으로 들어갔다고 생각했고, 교회의 지도자들도 대부분 그렇다고 선언했다. 그리고 시간이 지남에 따라 사람들은 신앙과 성덕으로 모범적인 삶을 산 사람이 죽으면 하느님께서 확실히 하늘의 영광 속으로 받아 주신다고 믿게 되었고, 그리스도인의 모범으로서 환호하며 인정했다. 12세기 로마 가톨릭 교회는 이런 사람들을 성인으로 선언하고 시성하는 공식적인 과정을 발전시켰다.

성인은 그리스도교의 영웅이다. 성인의 삶은 다른 그리스도인들이 영감을 받고 본받는 모범이 된다. 다양한 국가나 민족, 그리스도교 운동에서 많은 성인들이 나왔다. 사람들은 성인들에게서 영감을 받고 용기를 얻으며 그들과 같은 행동을 하려고 노력한다. 그래서 교황 요한 바오로 2세는 그런 영웅이 많이 생기도록, 26년 반 동안의 교황 재임 기간 동안에 여러 민족 출신의 성인 수백 명을 시성했다. 세기가 지나는 동안에 이탈리아 아시시의 프란치스코, 프랑스 리지외의 소화 데레사, 페루의 마르티노 데 포레스, 미국의 엘리사벳 씨튼 등의 성인들이 전 세계 가톨릭 신자와 그리스도인들의 존경을 받았다. 오늘날 콜카타의 마더 데레사도 마찬가지다.

살아 있든 죽었든 그리스도인은 공통의 선물인 성령으로 일치되어 있다. 성인들을 향한 신심은 그들의 신앙을 찬양하고 모방하려고 노력하는 가운데 우리와 그들과의 친교를 행사하는 것이다.[13] 그러나 우리는 성인들에게 기도하지 않는다. 다만 성인들과 함께 일치하여 예수님을 통해서 하느님께 기도한다. 우리는 성인들에게 기도해 달라고 하거나 하느님께 우리를 위해서 전구해 달라고 청할 수 있다.

40. 전구는 무엇인가? 전구와 기도의 관계는 무엇인가?

그리스도교의 전통적인 가르침에서 기도는 찬미와 흠숭, 청원, 전구, 감사, 찬양이라는 다섯 가지 기본 형태를 가진다.[14] 첫째, 찬미의 기도는 흠숭이라고도 하는데, 그리스도교 기도의 기본 방향이다(이슬람교와 유다교도 마찬가지다). 찬미와 흠숭은 하느님께서 하느님이심을, 모든 실체의 원천이심을 인정하는 것이다. 우리는 기도 안에서 성령과 일치하여 마음과 정신을 하느님께로 들어 높이는 그분의 피조물임을 인정한다.

둘째, 청원 기도는 우리가 존재하기 위해서 하느님께 의존해야 함을 알고, 우리에게 필요한 것을 그분께 청하는 기도이다. 이는 하느님께 더 큰 찬미가 된다. 가장 일반적인 청원 기도는 하느님께 우리의 죄를 용서해 달라고 청하는 것으로, 이를 통회의 기도라고도 한다. 셋째, 전구는 예수님께서 우리를 위해 기도하셨던 것처럼(요한 17장) 다른 사람이나 한 그룹의 사람들을 위해서 하느님께 기도하는 것이다. 넷째, 감사 기도는 청원 기도나 전구가 그대로 이루어진 것에 감사할 뿐 아니라, 예수님과 성령 안에서 우리에게 베풀어 주신 하느님의 사랑에 응답하는 것으로서, 그리스도인 기도의 특성이다. 감사 기도 또는 성찬 기도는 그리스도교 경배의 핵심이다. 끝으로, 기도를 마감하는 찬양 기도가 있다. 찬양 기도는 청원이나 전구 또는 특별한 찬미 때문이 아니라, 하느님은 오직 한 분 주님이시고 우리가 끊임없이 기쁘게 알아 모셔야 할 분이기에 찬양하는 것이다.

그리스도인은 서로가 서로를 위해서 기도하듯이, 성모님과 성인들에게 우리를 위해서 하느님께 기도해 달라고 청한다. 가톨릭교회나 정교회 신자들은 성찬례에서 그리스도인이 산 자나 죽은 자나 모두 성모님, 성인들 및 천사들과 일치하여 함께 감사하고 예수님 안에 계시된 하느님의 사랑을 찬양한다고 믿는다.

41. 그러면 천사들에게 기도하는 것은?

고대 페르시아와 유다인, 그리스도인, 회교도의 전통에는 천사들이 있었다. 천사들은 육신은 없지만, 우리처럼 하느님과의 관계를 위해서 창조되었다. 구약에서 이사야 예언자는 예루살렘 성전에서 예배하는 동안 천사들을 본다(이사 6,1-7). 신약의 요한 묵시록에서는 천사들이 새로운 하늘의 예루살렘에서 경배한다(묵시 4장; 8,3-5). 초기 그리스도인들은 미사를 거행하는 동안 천사들이 자신들과 함께 경배한다고 믿었다(1코린 11,10).[15] 그래서 모자이크나 프레스코, 그림 등의 예술품에는 성스러운 전례가 거행되는 동안 그리스도인 공동체와 함께 경배하는 천사들을 그려 넣었다.

그리스도교 신학에서는 천사들이 하느님을 지속적으로 경배하면서 끊임없는 찬미를 드린다고 이해한다(루카 2,13-14; 히브 1,6). 또한 천사들은 지상에서 우리를 보호하고(욥 33,23-24; 시편 91,11-12; 마태 18,10; 히브 1,14) 하늘에서 하느님 앞에 나아가 우리를 위해 전구한다(토빗 12,12).

42. 가톨릭 신자와 사람들은 종종 '예수님의 거룩한 성심'이나 성모님의 '기적 패', '성 유다'와 같은 신심에 대해서 이야기한다. 이런 신심과 기도의 관계는?

예수님의 거룩한 성심에 대한 상징물이나 성모님을 기념하는 메달, 전통적으로 희망을 잃은 이들을 위해서 전구하는 것으로 알려진 성 유다에 관한 특별한 신심 등은 기도에 도움이 되는 것들이다. 기도에서 우리는 마음과 정신을 하느님께로 들어올린다. 그러나 우리는 자신의 몸으로도 기도한다. 하느님께 대한 우리의 갈망을 표현하는 종교적 상징들은 우리의 정신을 그분께로 집중시키고 마음이 하늘로 향하도록 도와준다. 가톨릭교회는 여러 세기를 통해서 세계의 많은 민족들의 다양한 문화에서 생겨난 각양각색의 상징과 관습으로 풍요로운 종교이다. 기도는 신앙생활을 풍요롭게 하기 위해서 구체화된 표지와 보조 기구들을 필요로 한다. 가톨릭교회의 많은 성상과 성화, 성인의 초상들은 역사적으로 수많은 신앙의 선조들이 우리와 같은 기도 생활을 했음을 상기시켜 준다.

43. 구일 기도는 무엇인가?

구일 기도를 뜻하는 영어 '노베나'Novena는 라틴어의 '아홉'이라는 말에서 나왔다. 구일 기도를 한다는 것은 한 사람이 9일 동안 계속해서 매일 한 가지 기도 또는 일련의 기도를 하는 것이다. 구일 기도는 보통 특별한 청원 기도를 하거나 누군가를 위해서 전구를 한다. 가톨릭교회에서는 옛날부터 여러 가지 구일 기도들이 바쳐졌다. 성령께 바치는 구일 기도, 성모님께 바치는 구일 기도, 성 요셉께 바치는 구일 기도, 여러 성인들에게 바치는 구일 기도 등이 있다. 구일 기도의 전통은 제자들이 예수님의 승천 뒤 9일 동안 기도하면서 성령이 오시기를 기다린 것(사도 1,6-2,4)에서 유래한다고 본다.

44. 몇몇 가톨릭 기도들에 부여된 대사란 무엇인가?

대사는 기도가 영혼의 죄와 그 벌을 깨끗하게 없애 주는 효과를 가지고 있다는 가톨릭의 믿음에서 나왔다. 우리가 죄를 용서받기 위해서 기도하거나 다른 이들(특히 죽은 이들)을 위해서 전구하면 하느님께서 그 죄를 용서해 주시고 벌도 면제해 주시는 대사를 받게 된다.

가톨릭교회의 공식 기도서를 보면 기도의 끝에 '40일 대사'와 같은 구절을 볼 수 있다. 이는 단순히 특정 기도를 열심히 바치면 오랫동안 정성껏 기도한 것과 똑같은 효과를 얻는다고 교회가 선언했다는 뜻으로, 신자들이 자주 기도하도록 권고하기 위한 방법이다. 그리고 영감을 받아 잠시 기도했어도 하느님의 깊은 사랑은 한없는 효과를 일으킨다는 뜻이다.

'전대사'를 얻는다는 표시가 있는 기도는 우리가 죽은 후에 연옥에서 받게 되는 벌을 모두 없애 준다. 이 또한 그리스도 안에서 계시된 하느님 사랑의 충만함과 기도의 힘을 인정하는 사목적 배려이다. 그런데 수 세기에 걸쳐 죄의 결과가 이러한 대사의 사목적 배려의 관습을 부패시켰다. 특정 기도를 반복하거나 일정 금액의 돈을 교회에 기부하면 연옥의 한 영혼을 하늘나라로 들어갈 수 있게 한다고 생각했던 것이다. 대사를 파는 것과 같은 이런 행위는 종교 개혁이 일어나게 된 큰 계기가 되었다.

가톨릭교회는 특정 기도에 부여된 대사와 죽은 이들을 위한 전구의 효과가 전적으로 그리스도 안에 계시된 하느님의 자비에 달렸으며, 교회가 소중히 분배하는 것으로서, 인간적 노력이나 행위에 의한 것이 아니라고 가르친다.[16] 마지막으로, 기도의 신비는 양적 가치로 축소될 수 없다. 대사를 베푸는 사목적 관행은 시간과 노력이라는 방법적인 효과가 하느님께는 무척 상대적인 것임을 상기시키며, 고유한 방식으로 그 진리를 기념하여 거행한다.

45. 가톨릭 신자들은 기도할 때 성경을 이용하는가?

그렇다. 16세기 종교 개혁 이래로 개신교 전통에서는 성경이 기도의 중요한 부분이었다. 제2차 바티칸 공의회(1962-1965년)는 가톨릭 신자들에게도 성경 안에 있는 기도의 위대한 보배를 발견하도록 노력하라고 촉구했다.

구약에서 가장 뛰어난 기도는 150개의 시편이다. 시편은 전례 동안에 입장 행렬과 퇴장 행렬의 찬가로, 성경 낭독 후에는 회중의 응답으로, 영성체 후 노래로 사용되었다. 가톨릭 신자의 매일의 기도와 신심에서도 시편 사용은 권고되고 있다. 또한 시편은 성무일도의 기본이 된다.

46. 시간 전례란 무엇인가?

시간 전례는 성무일도 또는 그리스도인들의 기도라고도 하는 것인데, 가톨릭 전례에서 하루 다섯 번하는 기도를 말한다. 즉 아침기도, 낮기도, 저녁기도, 끝기도, 독서기도이다. 독서기도는 낮에 하거나 밤에 할 수 있다. 다섯 개의 기도는 모두 히브리 성경 또는 그리스도교 성경에서 가져온 두 개나 세 개의 시편과 하나의 찬가(노래)를 포함한다. 그리고 성경 독서와 청원 기도와 전구를 포함한다. 아침기도에서는 즈카르야의 노래(루카 1,68-79)를, 저녁기도에서는 마리아의 노래(루카 1,46-55)를, 끝기도에서는 시메온의 노래(루카 2,29-32)를 부른다. 이 노래들은 그리스도인들이 초기 교회 때부터 기도한 것으로, 신약 성경 안에 보전되어 왔다.

하루 종일 그리고 밤에도 특정 시간에 기도를 하는 관습의 기원은 매일매일 예루살렘 성전에서 바친 예배와 회당에서의 기도로 거슬러 올라간다. 그리스도인들은 매일 기도의 관습을 계속 지켜 그들의 신앙생활에도 포함시켰다. 하루에 다섯 번 바치는 시간 전례는 보통 수도원에서 노래로 바쳤다. 또한 모든 그리스도인이 풍요로운 신앙생활과 기도 생활을 하도록, 혼자 또는 본당에서 다른 이들과 함께 시간 전례를 바치도록 권고된다. 시간 전례는 교회의 공식적인 기도이다. 그러므로 홀로 이 기도를 바쳐도 그 사람은 교회 전체가 하는 기도에 함께하는 것이 된다.

47. 유다교의 기도와 그리스도교의 기도에는 어떤 차이가 있는가?

우선 유다교와 그리스도교의 공통점에 대해서 잠시 생각해 보자. 유다인들은 하느님을 찬미하고 흠숭하며, 찬양 기도와 감사 기도, 그리고 청원 기도와 전구를 바친다.

유다인이나 그리스도인이나 모두 성경을 귀하게 여긴다. 유다인에게 히브리 성경은 모세와 예언자들을 통해서 계시된 하느님의 말씀이다. 성경은 하느님의 말씀을 우리에게 가져다 줄 뿐만 아니라, 하느님께 응답할 말과 마음가짐을 준비해 준다. 히브리 성경 전체에 나오는 시편과 다른 노래들, 기도와 시詩들이 바로 그러하다. 그리스도인이 하느님의 말씀을 이해하는 방식도 같다. 또한 하느님께서 우리에게 주시는 계시인 동시에 우리가 그분께 응답하는 방법이다. 성경은 하느님에 대해서 가르쳐 줄 뿐만 아니라, 구원의 신비를 계시해 주신 그분께 어떻게 우리의 마음과 정신을 들어 올려야 하는지도 알려 준다.

중요한 차이점은 하느님의 아들 예수님에 대한 그리스도인의 신앙이다. 유다인들은 예수님을 예언자 중의 한 사람 또는 선한 사람 정도로 받아들인다. 그들은 예수님께 기도하지 않고 성부께만 기도한다. 히브리 성경 전체에 하느님의 영이라는 개념이 나온다. 창세기(1,2)와 시편(143,10), 예언서(에제 11,24)에서 하느님의 영에 대한 언급을 볼 수 있다. 하지만 삼위일체의 삼위인 성령이라는 개념은 유다인들의 신앙에는 없다.

48. 신약 성경에 기도가 있는가?

있다. 신약 성경은 온갖 종류의 기도들로 가득하다. 초기 그리스도교 공동체의 기도들이 특히 루카 복음에 나타난다. 즉 마리아의 노래(루카 1,46-55), 세례자 요한에 대한 예언자 즈카르야의 기도(루카 1,68-79), 예수님의 탄생 때 천사들의 노래(루카 2,13-14), 성전에서 시메온의 기도(루카 2,29-32) 등이다.

복음을 보면 예수님 자신도 자주 기도하신다. 예수님은 부모에게 기도를 배웠고 회당(루카 4,16), 예루살렘 성전(루카 2,41-52)에서 기도를 배웠을 것이다. 예수님은 사도들을 뽑는 것과 같은 중요한 결정을 내리기 전(루카 6,12-16)이나 영광스러운 변모와 같은 당신 생애의 중요한 사건 전(루카 9,28-36), 당신이 죽기 전날 밤에 올리브 산에서(루카 22,39-46) 기도하셨다. 이처럼 루카 복음은 초기 그리스도인들의 기도의 실례와 참고 자료로 가득하다.

예수님의 기도에서 한 가지 독특한 점은 하느님을 "아빠"라고 부르는 것이다(마르 14,36). 예수님의 모국어인 아람어 '아빠'는 한국어의 '아빠'처럼 아버지를 친밀하고 사랑스럽게 부르는 말이다. 신앙과 성령 역시 그리스도인들에게 하느님을 '아빠'라고 친근하게 부르면서 기도하라고 권한다(로마 8,15-16; 갈라 4,6). 요한 복음은 예수님께서 성부께 우리를 위해 기도하시는, 기나긴 전구를 보여 준다(요한 17장). 이 기도는 흔히 대사제의 기도라고 불린다. 예수님께서 우리를 구원하시기 위해 당신의 생명을 바치시기로 한 전날 밤, 하느님께 이 기도를 바쳤기 때문이다.

신약 성경은 그리스도인의 기도의 본질을 형성하고, 기도가 하느님과의 친밀한 대화가 되도록 이끌어 준다. 하느님과의 대화에서 우리는 성령과 일치하여 예수님과 함께 나눈다.

49. 예수님께서 제자들에게 '주님의 기도'를 가르치셨다. 그렇지 않은가?

그렇다. 한번은 제자들이 주님께서 기도하시는 모습을 보았다. 주님께서 기도를 마치시자, 그들은 주님께 어떻게 기도해야 하는지를 가르쳐 달라고 청했다(루카 11, 1). 그들의 청을 들으신 예수님께서 알려 주신 기도가 '주님의 기도'이다(루카 11, 2-4). 이 기도보다 약간 길면서 아주 비슷한 기도가 마태오 복음의 산상 설교의 한 부분으로 나타난다(마태 6, 9-13).

주님의 기도는 하느님을 친숙하게 아버지라고 부르면서 시작된다. 하느님을 아버지라고 부르는 것은 예수님께서 우리에게 준 그리스도인의 권리이다. 그리고 "아버지의 이름이 거룩히 빛나시며"라고 찬미와 흠숭으로 계속된다. 그 다음에는 정의와 평화의 하느님 나라가 이 땅에 오게 하시고, 우리의 삶 속에서 하느님의 뜻이 이루어지고, 우리에게 필요한 것(우리가 일용할 양식)을 우리가 받고, 우리가 다른 이들을 용서하듯이 우리의 죄를 용서받고, 우리가 유혹에 빠지지 않고, 우리가 악한 것들에서 구함을 받게 해달라는 기도로 계속된다.

50. '주님의 기도' 끝에 왜 "주님께 나라와 권능과 영광이 영원히 있나이다."를 덧붙이는가?

마태오 복음과 루카 복음에서는 주님의 기도 부분에서 이 구절이 나타나지 않지만, 초기 그리스도인들은 즉시 이 마지막 찬미 또는 영광송(doxology – 찬미를 뜻하는 그리스어)을 첨가했다. 이 영광송은 2세기 그리스도인의 전례에 주님의 기도의 일부로 나타났다. 과거에 이렇게 사용되었던 것을 알게 되면서 제2차 바티칸 공의회의 전례 개혁 때 미사에서 다시 사용하게 되었다. 회중이 함께 주님의 기도를 바치고 사제가 "복된 희망을 품고 구세주 예수 그리스도의 재림을 기다리게 하소서."라고 기도하고 나면, 회중은 "주님께 나라와 권능과 영광이 영원히 있나이다."라고 응답한다.

51. 미사 동안 혼자만의 말로 기도하거나 개인적으로 알고 있는 기도를 바쳐도 될까?

가톨릭 신자에게 미사 또는 성찬 전례는 신앙과 기도의 '정점이자 원천'이다.[17] 미사는 주님을 경배하기 위해 모인 신자들이 함께 깊은 인격적 기도를 하는 시간이다. 찬가와 사제가 주도하는 공식 기도, 성경 독서, 시편, 강론, 전구, 빵과 포도주의 제물 위에 드리는 긴 감사 기도, 영성체 등 미사의 모든 부분은 신자들이 성령을 통하여 예수님과 일치하고 다른 신자들과도 일치하여 깊은 기도의 상태로 들어가도록 인도한다.

개인적인 기도와 신심은 미사를 잘 거행하기 위해서 우리의 마음과 정신을 준비하도록 도와준다. 그러나 미사를 드리는 시간 동안에는 공동 기도와 찬가 속으로 깊이 들어가 하느님 말씀의 독서를 잘 듣는 것이 중요하다. 미사 중에도 개인 신심이 전례를 통해서 우리가 은총을 받도록 들어 올려 주기도 한다. 그러나 전례 기도와 독서를 통해서 점차적으로 우리의 정신에 영감을 주고 마음을 하느님께로 들어 올리는 것이 더 중요하다.

4부
묵상과 관상

참으로 구별하기 힘든 두 부분

52. 묵상이란 무엇인가?

　묵상은 하느님 또는 신앙의 어떤 면에 대해서 우리의 마음과 정신을 집중하여 신앙심 깊은 성찰과 숙고를 하는 것이다. 또 하느님 안에서 신앙의 빛으로 체험한 것을 깊이 통찰하는 영적 기도이다. 곧 성경 구절이나 영적 저술의 일부분, 예수님의 생애 중의 한 장면, 희망·사랑·용기의 덕, 자신이나 다른 이들의 삶의 어떤 사건에 집중하는 것이다. 묵상에서 우리는 기억과 상상력과 사고력을 사용하고 특별한 사건이나 신념으로 이어지는 성찰을 연관시킨다.

53. 묵상은 일종의 '거룩한 생각'일까?

묵상은 어떤 개념이나 사건을 신앙의 빛으로 생각하거나 숙고하는 것으로 시작한다. 예를 들어, 되찾은 아들(루카 15장)에 대한 예수님의 이야기를 우리는 관찰하는 사람 입장에서 볼 수도 있고, 2천 년 전 유다인 사람의 입장으로 읽을 수도 있다. 어쩌면 이야기에 나오지 않는 어머니나 누이가 될 수도 있다. 또는 아버지와 두 아들을 잘 아는 그 집의 하인이 될 수도 있다. 이렇게 상상력을 동원해서 계속 내용의 흐름을 이어 가다 보면 이야기는 새로운 방식으로 전개된다.

묵상의 다음 단계는 정신에서 마음으로 옮겨 가는 것이다. 정신의 작용은 마음을 움직이기 시작한다. 우리는 이야기에 대한 느낌을 갖게 되고, 등장인물들이 살아 움직이며 그들의 고뇌에 대해서 애정 어린 반응을 하게 된다. 작은아들이 내 주변의 길을 잃고 헤매는 친구나 가족 같아서 측은함을 느낄 수도 있고, 아들이 돌아와서 기쁨에 넘치는 아버지처럼 느낄 수도 있다. 또는 한 번도 집을 떠난 적이 없는 '충실한 아들'인 큰아들처럼 혼란을 느낄 수도 있다. 이런 모든 느낌을 하느님께 들어 올릴 때 그것은 기도가 된다.

54. 내 인생의 어떤 한 사건을 묵상한다면?

복음 묵상과 같은 양식으로 전개된다. 우리에게 일어난 어떤 사건을 기도 중에 하느님께로 가져와 그것에 대해서 숙고한다. 신앙의 빛으로, 우리를 향한 하느님의 사랑과 깊은 관심의 빛 속에서 그 사건을 주의 깊게 생각한다. 그리고 우리는 자신의 행동에 대해서 책임을 지고 선택의 결과를 고려해야 한다. 때에 따라 하느님께 더 가까이 다가갈 수 있도록 우리 마음을 일으켜 달라고 성령께 청해야 한다.

55. 느낌도 묵상의 일부일까?

그렇다. 삶에서 일어나는 일들을 친구에게 어떻게 이야기하는지 생각해 보자. 또는 서로에게 영향을 준 상황에 대해서도 친구에게 어떻게 이야기하는지 생각해 보자. 이런 대화는 이성적이거나 추리적으로만 이야기하지 않는다. 거의 대부분이 이야기하는 문제의 사실에서 감정적인 부분으로 넘어가고 객관적인 사건 제시에서 주관적인 느낌을 표현하는 쪽으로 옮겨 간다. 묵상도 마찬가지다. 성경 구절이나 특별한 덕목, 또는 우리 삶의 어떤 사건에 대해서 친구와 걱정을 나누는 것처럼 하느님의 현존 안에서 숙고한다. 우리는 하느님께서 무한한 사랑과 연민으로 응답해 주실 것을 알기에 느끼는 것을 모두 말씀드린다.

56. 무엇에 대해서나 묵상할 수 있을까?

그렇다. 하느님께는 무엇이든 가져갈 수 있다는 의미에서 그렇다. 많은 영성 책들이 우리에게 묵상의 주제를 제시하고 실질적인 방법도 알려 준다. 그런 책들 대부분이 묵상의 주제로 예수님 생애의 사건들, 마리아와 다른 성인들의 일화, 성경 구절, 영성 서적, 자기 자신의 삶에서 중요한 사건들을 추천한다. 매일의 묵상을 성경 구절로 시작하는 것도 좋은 방법이다. 성경을 경건한 마음으로 읽고 숙고하는 시간을 갖는다. 이때 성령께서 우리의 정신을 열고 마음을 움직여 주시도록 하면서 자신의 체험을 통합한다.

57. '매일의 묵상'은 무엇인가?

묵상 방법을 제시하거나 권고하는 모든 영성 저술가들은 매일의 묵상을 권고한다. 즉 묵상이 신앙생활의 일상적인 부분이 되어야 한다고 주장한다. 우리는 묵상을 통해 하느님의 지속적인 현존에 대한 체험을 깊게 할 수 있기 때문이다. 또한 개인 기도를 할 때나 전례 기도에 참여할 때, 다른 기도를 할 때 우리의 기도를 풍요롭게 만들어 준다.

58. 영성가란 어떤 사람인가?

많은 영성 저술가들이 있어 왔다. 중세 이후 서방 그리스도교 문화 속에는 묵상 방법을 명쾌하게 기록한 책들이 많이 나타났다. 카르투지오회와 시토회(트라피스트회라고도 한다) 수도사들은 수도자들을 위해 묵상 지도서들을 기록했고, 성 보나벤트라는 자신이 속한 프란치스코회 수사와 수녀에게 그리스도의 삶을 묵상할 것을 권고했다. 16세기 예수회의 창립자 로욜라의 성 이냐시오는 유명한 '영신 수련'으로 새로운 묵상 방법을 추천했다. 아빌라의 성녀 데레사도 가르멜회 수녀들을 위해서 「완덕의 길」, 「영혼의 성」과 같은 책들을 썼다. 데레사 성녀의 친구이며 동료인 십자가의 성 요한은 「어둔 밤」을 썼다.

이후 성 프란치스코 드 살이나 알폰소 마리아 데 리구오리 등이 새로운 수도 공동체를 위해서 묵상 방법을 알려 주는 책들을 남겼다. 새로운 수도 공동체는 하느님의 백성을 위해 활동적인 봉사를 했으며, 바쁜 사목 활동 속에서도 매일의 묵상을 통합시켜야 했다. 이러한 묵상 방법은 수도승이나 관상 수녀를 위한 것이 아니라, 활동적인 사제와 수사, 수녀를 위한 것이었다. 결과적으로, 기도 생활을 보다 열정적으로 하고자 한 많은 평신도들도 이런 성인들의 책들을 읽고 실천에 옮기게 되었다.

59. 묵상하기를 원한다면 위에서 말한 방법들 가운데 하나를 선택해야 하나?

꼭 그렇지는 않다. 영성가들의 책을 읽으면 도움을 받을 수 있다. 기도에 대한 그들의 체험과 지혜에서 많은 점을 배울 수 있다. 한 가지 방법을 선택해서 계속하여 사용할 수도 있다. 또는 다양한 영적 지도자들의 가르침 중에 어떤 요소들을 골라서 자신의 고유한 묵상 방법에 통합시킬 수도 있다.

모든 방법들이 때로는 묵상이 복잡하고 어려운 것이라는 인상을 줄 수도 있다. 그러나 자세히 보면 모든 묵상 방법은 하나의 기본 양식을 가지고 있다. 1) 한 가지 주제를 선택하여 묵상을 준비한다. 2) 하느님의 지도와 은총을 청하면서 읽는다. 3) 여러 가지 창의적인 방법으로 마음과 정신을 모은다. 4) 숙고를 시작하여 하느님과의 친밀한 대화 속으로 들어간다. 묵상을 시작하고 시간이 좀 지나면 영성 저자들의 권고를 선택하여 받아들이고, 묵상을 자신의 생활 리듬에 통합시켜 성령의 도움을 받아 각자 고유한 묵상 방법을 발전시킬 수 있다.

60. 성경에 대해서만 묵상해도 될까?

물론이다. 사제, 목사, 수녀, 수사, 평신도 등 많은 사람들이 매일 성경 구절을 묵상한다. 매일 미사의 독서나 전례용 독서집, 또는 다양한 방법으로 성경 구절을 택한다. 성경이나 영적 서적들을 자주 묵상하면서 마음과 정신을 모아 숙고하다가 하느님과의 대화로 들어가는 것을 거룩한 독서 또는 렉시오 디비나Lectio Divina라고 한다. 거룩한 독서를 돕는 방법들에는 여러 가지가 있다.

61. 나는 어떻게 묵상을 시작할 수 있을까?

가장 좋은 첫 단계는, 아마도 자신에게 묵상에 관한 좋은 책 또는 글을 소개해 줄 사제나 목사, 영적 지도자를 찾아가는 것이다. 그들의 가르침이나 지도를 통해 묵상을 시작할 수 있을 것이다. 성 이냐시오의 영신 수련이나 시토회의 향심 기도와 같은 특정한 방법도 좋고, 아니면 각자 자신에게 맞는 고유한 방법을 찾도록 도움을 받을 수도 있다.

62. 관상이란 무엇인가?

'관상'은 하느님의 현존 안에 단순하게 고요히 머무는 것이다. 묵상은 이미 살펴본 바와 같이 영적 독서나 사건에서 시작해 마음과 정신의 움직임으로, 그런 다음 하느님과의 대화로 절정에 이른다. 관상은 하느님과의 대화를 넘어선 단계라고 생각할 수 있다. 관상 상태로 다가갈 때 정신은 속도를 늦추어 느굿해지고, 묵상의 실천을 풍요롭게 해 주던 창의적 움직임은 놓아 버린다. 마음은 한 느낌에서 다른 느낌으로 옮겨 가던 움직임을 멈추고, 다만 거룩하신 분을 열렬한 사랑으로 흠숭하기에만 머무르려고 한다. 하느님과의 대화에서 우리의 말들은 그분의 권능과 현존 안에 머무는 가운데 사라져 버린다.

63. 관상은 참으로 심오해 보인다. 많은 이들이 관상을 하고 있을까?

관상은 심오하고 진지한 것이다. 관상을 체험한 많은 영성가들이 그것을 묘사하려고 온갖 비유와 언어를 사용했다. 시편 저자는 어미 품에 안긴 젖 뗀 아기 같다고 하고(시편 131,2), 성 바오로는 일종의 몸을 떠난 상태로 '셋째 하늘'까지 들어 올려진 일에 대해서 썼다(2코린 12,2). 성 아우구스티노는 어머니 모니카의 죽음 전 시간을 초월한 관상에 대한 통쾌한 대화의 순간에 대해서 기록했다.[18] 많은 신비가들이 관상 동안의 하느님 현존의 체험을 말로 포현하기 위해서 육체적인 사랑의 이미지를 사용했다.[19] 얼마나 많은 사람이 관상을 체험하는지는 하느님만이 알고 계신다. 모든 수도 전통에 속하는 수도승과 관상 수녀들이 묵상과 관상에 일생을 바친다. 많은 평신도들도 기도로 부르심을 받고 매일의 묵상을 실천하고 있다. 영성 저술가들은 묵상하는 방법에 대해서 아무것도 모르는 단순하고 평범한 사람들이야말로 기도 중에 하느님의 현존 안에 기쁘게 조용히 머물면서 관상의 순간을 체험한다는 것을 잘 알고 있다.

64. 신비가는 어떤 사람인가?

'신비가'란 관상을 통해서 하느님과 일치하는 체험을 하는 사람이다. 어떤 의미에서 하느님의 현존을 체험하고 그 사랑 안에 머무는 사람은 신비 체험을 했다고 볼 수 있다. 하지만 보통 신비가라는 단어는, 하느님과 일치하는 관상 체험을 자주, 그리고 강력하게 하면서 그 체험을 다른 사람에게 알려 주기 위해 이야기하거나 글을 쓰는 사람을 가리키는 말이다.

65. 그리스도교에서 유명한 신비가는 누구인가?

사도 성 바오로, 복음사가 성 요한, 히포의 성 아우구스티노, 클레르보의 성 베르나르도, 마이스터 에크하르트, 빙엔의 성녀 힐데가르트, 시에나의 성녀 카타리나, 아빌라의 성녀 데레사, 십자가의 성 요한, 프란치스코 드 살, 리지외의 소화 데레사, 도로시 데이 등이 있다. 또한 신비가들은 지금도 계속 나오고 있다.

66. 모든 종교에 신비가가 있는가?

세계적으로 큰 종교에는 여러 학파와 종파가 있어서 관상이나 신비 체험으로 인도하는 특정 묵상 방법을 권장한다. 예를 들면, 이슬람교의 수피와 유다교의 하시디즘과 신비주의가 있다. 힌두교의 요가는 신비 관상에로 인도하는 여러 가지 묵상 방법과 관습을 제공한다.

서방의 아브라함을 선조로 모시는 유다교, 그리스도교, 이슬람교에서는 하느님과의 신비스러운 일치가 신자의 정체성을 흡수하거나 없앤다고 이해하지 않는다. 따라서 창조주와 피조물은 여전히 별개이며, 신자는 무아경의 순간에 하느님의 사랑 안에서 일시적으로 자신을 '잃어버리는' 체험을 할 뿐이다. 그러나 관상의 신학적 토대는 하느님과 인간의 결합이다.

동방의 종교에서, 특히 힌두교의 신비 사상은 개별 영혼atman이 모두를 아우르는 신(神, Brahman)의 존재 속으로 돌아가거나 녹아들어 간다. 모든 영혼은 지상의 삶을 사는 동안만 일시적 그리고 표면적으로 신과 구별된다. 창조주와 피조물 사이의 구별은 결국 신(神)과의 본래의 일치 속으로 녹아들어 간다. 신비주의는 더 이상 구분되지 않는 일체의 최종적 조건을 미리 맛보는 것이다.

최소한 이것이 서방 신비주의와 동방 신비주의의 신학적 차이라고 할 수 있다. 실제로 서방 신비주의는 하느님 안에서 '자신을 완전히 잃어버리는' 순간과 '존재하기를 그치는'(이슬람 신비주의의 아랍어 문헌에서 fana) 순간을 묘사한다. 반면 동방의 신비주의자들, 특히 힌두교의 박티요가bhakti yoga 전통을 따르는 이들은 하느님과의 열렬한 사랑의 교환에 대해서 이야기한다.

67. 향심 기도는 무엇인가?

향심 기도centering prayer는 관상으로 들어가는 한 가지 길이다. 그러나 앞서 설명한 묵상과는 다르다. 향심 기도는 근래 들어

매사추세츠 주의 스펜서에 있는 성 요셉 수도원의 시토회 수사들을 통해 널리 전파되었다. 그 뿌리는 교회의 초세기, 특히 성 요한 카시안(St. John Cassian, 360-435년)의 글에서 찾을 수 있다.

성 요한 카시안은 동방 교회의 사막 수도자들의 영적 관행을 서방 교회로 가져왔다. 이 중 하나가 '예수기도'이다. 예수기도는 예수님의 이름 '예수' 또는 '주님, 자비를 베푸소서.' 또는 '하느님의 아들, 주 예수 그리스도님, 죄인인 저에게 자비를 베푸소서.'라는 구절을 반복한다(「예수기도 배우기」, 엠마누엘 융클라우센, 성바오로, 2011 참조). 즉 한 구절을 소리 내서 또는 침묵 중에 묵주를 사용하면서 일정 시간 동안 반복한다. 이 그리스도교의 만트라mantra는 모든 다른 생각이나 관심사, 느낌을 천천히 밖으로 내보내어 마음과 정신에서 하느님 외의 모든 것을 비워 없앤다.

16세기에는 무명의 영국 저자가 「무지의 구름」이라는 기도에 관한 책을 저술했다. 이 책은 예수기도의 전통을 자세히 이야기하고, 하나의 만트라 또는 기도의 단어를 사용해서 마음의 모든 분심을 어떻게 없앨지 실질적인 충고를 해 준다. 성 요셉의 시토 수도원의 수도사들은 현대의 그리스도인들에게 오래된 관행의 풍요로움을 전하고자, 심층 심리학의 통찰과 함께 동방의 묵상 방법인 단순한 숨쉬기 기술을 결합시켰다.

20세기 영국 베네딕토회의 수도사 존 메인John Main은 향심 기도와 비슷한 묵상 방법을 개발하여 가르쳤다. 그는 이 방법을 단순히 그리스도인의 묵상이라고 불렀다. 이 묵상은 여러 종파의 많은 그리스도인들 사이에서 널리 사용되고 있으며, '벽이 없는 수도원' 안에 참여함으로써 그들은 신앙생활과 기도 생활의 핵심을 발견한다.

68. 이 특별한 기도들은 사제나 수도자만을 위한 것이 아닐까?

성 바오로는 모든 그리스도인이 우리 존재의 핵심에 영향을 주는 방법으로 부활하신 예수님과 일치되어 있다고 단언했다. 그는 관상이 그리스도인 생활의 일부분이 되어야 한다고 권고한다. "여러분이 모든 성도와 함께 너비와 길이와 높이와 깊이가 어떠한지 깨닫는 능력을 지니고, 인간의 지각을 뛰어넘는 그리스도의 사랑을 알게 해 주시기를 빕니다. 이렇게 하여 여러분이 하느님의 온갖 충만하심으로 충만하게 되기를 빕니다." (에페 3,18-19) 이와 비슷하게 성 요한도 모든 그리스도인이 신비가가 될 수 있다는 뜻을 기록했다. 예수님께서 죽음 전날 밤

제자들에 대해서(우리에 대해서) 이야기하신다. "아버지께서 저에게 주신 영광을 저도 그들에게 주었습니다. 우리가 하나인 것처럼 그들도 하나가 되게 하려는 것입니다. 저는 그들 안에 있고 아버지께서는 제 안에 계십니다. 이는 그들이 완전히 하나가 되게 하려는 것입니다. 그리고 아버지께서 저를 보내시고, 또 저를 사랑하셨듯이 그들도 사랑하셨다는 것을 세상이 알게 하려는 것입니다."(요한 17,22-23)

기도는 그리스도인의 신앙 여정의 한 부분이다. 묵상과 관상은 기도 체험을 풍요롭게 하고, 우리의 기도를 성 바오로의 말처럼 너비와 길이와 높이와 깊이에서 한없이 확대한다. 우리가 정기적으로 묵상, 관상, 또는 향심 기도를 신앙생활 속에서 실천한다면 우리의 개인 기도는 풍요롭게 되고 교회의 공식 전례에도 더 잘 참여하게 된다.

69. 묵상과 관상을 시작하기로 결심하면 하느님께서 나를 도와주실까?

어린아이가 잠자리에 들며 드리는 기도나 주님의 기도 암송처럼 단순한 기도에서부터 관상이라는 최고 형태의 기도에 이르기까지, 모든 기도는 예수님 안에 계시된 하느님의 사랑에 응답하는 것이다. 하느님께서는 우리가 당신께 응답을 드릴 때에도 우리에게 말씀하실 때처럼 우리를 도와주신다. 은총은 우리의 모든 기도 안에 가득 차 있다. 성령께서 우리의 신앙 여정과 기도 생활을 이끌어 주시고, 격려하시고, 도와주신다. "이와 같이, 성령께서도 나약한 우리를 도와주십니다. 우리는 올바른 방식으로 기도할 줄 모르지만, 성령께서 몸소 말로 다할 수 없이 탄식하시며 우리를 대신하여 간구해 주십니다. 마음속까지 살펴보시는 분께서는 이러한 성령의 생각이 무엇인지 아십니다."(로마 8,26-27ㄱ)

성령께서는 기쁨과 위로 중에, 집중하지 못하고 분심이 들 때, 불안하거나 괴로울 때 묵상을 하거나 관상을 하면 우리를 도와주신다. 우리가 기도하면 하느님께서는 우리에게 달려오시며, 또 언제나 우리를 기다리신다. 되돌아오는 아들을 기다리는 아버지처럼 우리가 기도로 다가오는 표징을 보시려고 그분은 우리 삶의 지평선을 주시하고 계신다. 그분은 우리를 만나 안아 주시고, 간절함과 크나큰 기쁨으로 돌아온 우리를 축복하시려고 기다리신다.

5부
다른 전통들 속에 나타난 기도

기도로 함께할 수 있을지의 모색

70. 기도는 얼마나 오래되었을까?

인류학자들은 네안데르탈인도 기도를 했었다는 증거를 발견했다. 그들의 유적지에는 다음 세대를 염두에 두고 후대의 건강과 행복을 기원한 장례 예식의 흔적이 남아 있다. 현재 인류의 조상인 초기 호모사피엔스는 사냥의 성공을 기원하고 사냥 후에는 감사를 드리기 위해서 강력한 영적 존재에게 기도하는 마술 의식과 그것을 상징하는 예술 작품들을 구석기 시대의 동굴에 남겨 놓았다.

문학의 초기 여명기에, 첫 번째로 기록된 기도는 기원전 2750년경 고대 바빌론(현재의 이라크)의 길가메시 서사시Epic of Gilgamesh에서 발견되었다. 이 이야기의 시작 부분에 우루크(이라크 남부 유프라테스 강 부근에 있었던 고대 수메르의 도시)의 한 여인이 이슈타르 여신에게 자기들을 노예로 삼은 원수인 왕의 학대와

폭정에서 해방시켜 달라고 기도한 것이 설형 문자로 기록되어 평판tablets으로 남아 있다. 그 기도를 시작으로, 여러 시대에 걸쳐 추방되거나 희생을 당한 사람들의 구원을 청하는 기도들이 수없이 나타났다.

고대 그리스의 호머Homer의 서사시들도 기도로 가득하다. 그리고 여러 부족 종교의 사원이나 성전 벽에도 기도가 많다. 기도는 모든 신화에 빈번히 나타나며, 지금도 여전히 문화의 중심에 자리를 잡고 있다.

71. 지금까지 남아 있는 가장 오래된 기도는 무엇일까?

아직까지 사용되고 있는 가장 오래된 기도는, 힌두교 경전에 보존되어 온 '베다'Veda이다. 이 기도는 인도 아대륙의 성인과 신비가, 예언자들의 묵상과 가르침이다. 베다 중에서도 가장 오래된, 기원전 1500년대의 것은 불로 바치는 희생 의식을 동반하는 기도를 포함한다. 오늘날에도 수천 개의 베다 기도가 힌두교의 많은 종파와 신심에서 사용되고 있다.

우파니샤드는 거룩한 분 또는 브라만Brahman의 본성에 대한 묵상에서 사용되는 베다 경전의 일부분이다. 이 고대의 신심 깊은 숙고와 신비스러운 계시는 동방과 서방의 많은 이들에게 영감을 주었다.

72. 힌두교 신자들은 어떻게 기도하는가?

여러 가지 방법으로 기도한다. 힌두교에는 수많은 신화와 거룩한 경전, 풍성한 예술, 세련된 의식, 무한하다고 할 만큼 다양하고 많은 남신男神과 여신女神, 아바타化身 등이 있다. 이는 무한한 하느님께서 특정하게 지역적으로 나타나거나 강생하신 것이다.

힌두교의 기도는 칼리나 크리슈나와 같은 중요한 신들에게 바치는 대중적 신심과 마을이나 고향의 지역 신 또는 아바타에게 드리는 희생 의식으로 구성되어 있다(지역 성인에 대한 가톨릭의 신심과는 다르다). 예배 의식과 신심은 푸쟈(제사, 제물)라고 한다. 이런 푸쟈는 보통 씻는 예식을 포함하며, 침묵하거나 소리를 내어서 혼자 또는 다른 사람과 함께 거행한다. 힌두교 사원을 방문하는 그리스도인들은 보통 의식적인 관행의 조합과 격식에 매이지 않은 편안함과 기쁜 분위기에 놀란다.

힌두교 신자들은 집 안에 성상이나 자신이 선택한 형태의 신을 모신 사당을 만들어 놓고 경배한다. 그들은 집에서 희생의 기도로 꽃이나 물, 음식을 바치면서 푸쟈를 실행한다. 베다와 우파니샤드의 독서, 향, 초, 종, 도문, 만트라 등은 모두 예배 체험을 풍요롭게 한다. 힌두교의 의식을 준수하는 사람들은 매일 세 번의 기도 또는 산드야를 준행한다.

73. 산드야는 무엇인가?

산드야sandhya는 '연결점'을 의미한다. 산드야 기도는 밤에서 아침으로, 오전에서 오후로, 저녁에서 밤으로 연결되는 하루 세 번의 연결점에 드리는 기도이다. 각 산드야 기도에서 신자는 고대 베다 경전에서 가져온 성스러운 가야트리 찬가 만트라를 기도한다. 이 짧은 기도를 반복하면서 정신과 영혼을 깨워 거룩하신 분께 원하는 바를 청하고 브라만과의 일치를 청한다.

74. 힌두교 신자는 묵상과 관상을 실행하는가?

힌두교가 세상에 준 가장 큰 선물은 요가 전통이다. 요가는 하느님과의 일치에 인도하는 훈련의 실행을 가리키는 고대 산스크리트어이다. 오늘날 우리는 보통 요가를 육체적인 건강과 정서적 행복을 향상시켜 주는 운동과 호흡 조절이라고 생각한다. 하타hatha 요가의 실행은 잘 알려진 바와 같이 분명히 여러 가지 유익함이 있다. 그러나 하타 요가는 광범위한 요가 전통 가운데 한 가지일 뿐이다.

고대 힌두의 가르침인 요가는 매일 묵상을 할 때 몸의 자세와 동작을 어떻게 해야 좋은지를 알려 준다. 신중하게 취해진 자세와 동작은 묵상하는 이가 신의 현존을 체험할 수 있도록 인도한다. 다양한 요가의 저변에는 모든 인간의 영혼atman은 신Brahman에게서 나와 신에게로 돌아간다는 힌두의 기본 신앙이 깔려 있다. 요가는 영혼과 신의 신비 속으로 인도해 주는 잘 훈련된 기도이다.

75. 그리스도인이 기도할 때 요가를 사용할 수 있을까?

사용할 수 있다. 요가는 기도의 본질과 실천에 대한 수천 년의 체험과 숙고에서 나온 지혜의 총합이다. 사도 바오로는 "모든 것을 분별하여, 좋은 것을 간직하고 악한 것은 무엇이든지 멀리하십시오."(1테살 5,21; 필리 4,8 참조)라고 충고했다. 그리스도인도 요가의 수행을 잘 실천함으로써 마음과 정신을 하느님께로 들어 올리는 데 큰 도움을 얻을 수 있다.

힌두교의 요가를 그리스도인의 기도에서 사용하기 위해서는 신앙의 차이점과 비슷한 점에 주의를 기울일 필요가 있다. 그리스도인은 예수님께서 하느님 계시의 완성이라고 믿으며 그분의 말씀이신 그리스도 안에서 모든 피조물이 생겨났고 결국에는 모두 하느님과 다시 결합한다고 믿는다(콜로 1,15-20; 에페 1,9-11). 또한 그리스도인은 각 인간의 영혼이 하느님의 사랑을 받고 그분께 받아들여진다고 믿는다. 그리스도인은 그리스도의 신비 속으로 더 깊이 들어가기 위해서 힌두교의 요가 관행의 지혜를 사용할 수 있다. 그렇게 함으로써 힌두교 신자들이 어떻게 거룩하신 분께 접근하는지를 인지하고 그 가치를 알아보게 된다. 현대의 성바오로수도회 사제 토머스 라이언Thomas Ryan은 그리스도인이 신앙과 기도 생활에서 요가의 실용적인 지혜를 인식하고 통합할 수 있도록 사목 활동을 하고 있다.

76. 불교의 기도는 어떤 것인가?

기원전 800~500년, 인도 아대륙 사회의 대변동과 그 변화의 와중에 종교적 부흥운동이 일어나 기도와 성성聖性이 새롭게 강조되었다. 이것이 불교와 자이나교의 기원이 되었고 둘 다 고대 힌두교 전통의 개혁이라고 볼 수 있다.

힌두교와 만찬가지로, 불교도 하나로 잘 정의된 종교 전통이나 관행이 아니다. 전 세계적으로, 특히 동방에는 다양한 형태의 불교 가르침과 전통, 의식, 관행이 있다. 불교는 고대 베다의 의식과 힌두교의 계급 제도(카스트)를 거부하고, 누구나 '보리'bodhi 또는 깨달음을 체험하기 위해서 '붓다'Buddha의 가르침을 들을 수 있다고 초대한다. 절제하는 도덕적 삶을 살면서 불교 묵상이나 관행을 실천하는 열성적인 신자는 깨달음을 얻을 수 있다. 불교 기도의 좀 더 순수한 형태는 정신에서 생각들을 비워 내고, 마음의 느낌들을 풀어줌으로써 자기 한계를 초월하여 존재와 비존재 사이의 위대한 생명의 순환 속으로 들어가도록 이끌어 준다.

불교 관행의 목표는 사람을 '고통'dukkha에서 해방하고, 고통의 원인이 되는 '욕망'과 '애착'tanha에서 해방하는 것이다. 이 해방은 제약 없는 깨달음의 행복을 가져온다. 이처럼 불교 관행은 고통과 슬픔의 원인이 되는 것으로부터의 자유를 강조한다. 힌두교 요가와 그리스도교의 영성은 모든 행복과 기쁨의 원천인 거룩하신 분과의 일치를 위해서 자유를 강조한다. 그리스도인에게는 그리스도가 하느님과 친교를 이루는 길이다.

77. 기도 바퀴(기도할 때 돌리는 바퀴 모양의 경전)는 무엇인가?

기도 바퀴는 특별히 티베트 불교 전통에서 발견된다. 기도 바퀴는 쇠나 나무 또는 가죽으로 만들어서 굴대에 매달아 쉽게 회전시킬 수 있게 해 놓은 것이다. 신성한 만트라가 바퀴의 외부에 적혀 있다. 신자들은 기도 바퀴를 천천히 돌리면서 그것에 적힌 만트라를 열심히 반복한다. 기도 바퀴를 한 번 돌리면 만트라를 한 번 한 것과 마찬가지이며, 기도를 한 사람이나 그 주변에 유익함을 준다.

지금도 히말라야에서는 바람에 나부끼는 기도 깃발들을 발견할 수 있다. 불교가 들어오기 전부터 있었던 그 깃발들에서 티베트 토착 문화의 기원을 엿볼 수 있다. 여러 가지 색깔의 직사각형 깃발들은 불교 가르침의 다양한 면을 상징하고 그곳의

산을 축복한다.

78. 그리스도인이 불교의 기도와 묵상 방법을 사용할 수 있는가?

불교의 관행은 그리스도인의 신앙 여정에도 도움이 된다. 미국 트라피스트회 수도사 토머스 머튼은 불교의 관행을 연구했고, 달라이 라마나 베트남의 승려 틱낫한 등 불교 학자와 승려들의 작품에 깊은 관심을 가졌다. 머튼은 불교 심리학 안에 기도와 초월성과 하느님의 자비에 대한 인간 체험의 많은 통찰이 있음을 발견했다.

그리스도인은 불교의 관행을 공부하고 영성 생활에 적용함으로써 신앙을 더욱 풍요롭게 할 수 있다. 하느님의 본성 또는 존재에 관한 불교 가르침의 뚜렷한 침묵은 그리스도 안에 계시된 하느님 사랑에 대한 그리스도인의 확고한 발언과 강력히 대조된다. 그러나 불교 신자들이 거룩하신 분에 관해서 표현이 적고 말하기를 주저하는 것은 하느님에 관한 모든 언어와 상징들이 한없이 부족함을 상기시켜 준다.

79. 모슬렘(이슬람교도)에게 기도는 매우 중요하다. 그렇지 않은가?

모든 이슬람교도들은 "변함없이 기도하라."(쿠란 2,3)는 소명을 받았다. 쿠란(코란) 시작 부분의 이 명령은 모든 독실한 모슬렘이 하루 다섯 번 기도하는 살라트로 수행되고 있다. 매일 해 뜨기 바로 전, 정오, 늦은 오후, 해 지기 바로 전, 잠자기 전에 기도 시각을 알리는 사람이 "기도하러 오라."라고 아잔adhan을 선포한다. 이는 모든 신자에게 하느님을 경배하라고 상기시켜 주는 것이다.

신자들은 씻는 의식을 하고, 양탄자 위에 엎드려 메카를 향하여 기도함으로써 그 부름에 응답한다. 올바른 방향을 확인하는 여러 가지 전통적인 방법과 현대적인 방법이 있다. 살라트는 절하기, 바닥에 엎드리기, 기도하기와 같은 일련의 연속 동작으로 구성되어 있으며, 몸과 영혼 전체를 하느님께 맡겨 드리기 위함이다. 자주, 열심히 살라트를 행하는 것이 모슬렘의 기본 핵심인 매일의 기도이다.

80. 모슬렘은 예수님께 기도하는가?

모슬렘의 성스러운 책은 쿠란(코란)이지만, 그리스도교의 성경을 숭배하고 예수님을 위대한 예언자로 공경한다. 또한 마리아도 예수님의 어머니로 공경하면서 미리암Miriam이라고 부른다. 하지만 모슬렘은 예수님을 하느님의 아들로 믿지 않고 삼위일체도 믿지 않는다. 모슬렘은 삼위일체 신앙을 다신론이라고 판단하고 예수님께 기도하지 않으며 성령께도 기도하지 않는다.

81. 라마단은 무엇인가?

라마단Ramadan은 모슬렘이 이슬람교 달력의 9월 한 달 동안 금식하고(일출에서 일몰까지), 기도를 더 열심히 하고, 자선하는 일에 주의를 집중하는 것을 말한다. 매일 다섯 번 바치는 기도처럼, 해마다 지키는 라마단의 엄수는 기도를 모슬렘의 생활에서 가장 중요한 위치에 둔다.

82. 모슬렘은 메카로 성지 순례를 가지 않는가?

메카 순례hajj는 일생에 한 번, 건강이 허락하고 비용을 조달할 수 있다면 이슬람 달력의 12월 중에 반드시 수행해야 하는 모슬렘의 의무이다. 그리스도인의 성지 순례처럼, 신앙의 영감을 받은 여행으로서 신앙심 깊은 정신으로 마쳐야 한다. 메카 순례는 메카에 있는 이슬람 대사원의 중심에 있는 거룩한 카바Ka'ba 신전의 주위를 돌면서 기도하는 것으로 절정을 이룬다.

83. 그리스도인이 모슬렘 기도를 사용할 수 있는가?

많은 그리스도인이 이슬람교의 기도와 금식의 철저함과 그처럼 독실한 모슬렘의 생활을 보고 깊은 감명을 받는다. 하지만 라마단의 준수와 매일의 살라트 수행은 너무도 분명하고 철저해서, 그리스도인의 기도 생활에 그것을 흡수하려면 오랫동안 연습과 깊은 이해가 필요하다. 또한 모슬렘이 아닌 이들이 자기 문화의 고유한 기도를 하는 것을 보고 이해하지 못할 모슬렘의 예민한 감성도 존중해 주어야 한다. 예를 들어, 메카에는 모슬렘만이 들어갈 수 있으므로 모슬렘이 아니면 메카 순례에 참여할 수 없다.

  이밖에 신학적인 차이점도 고려해야 한다. 기도하라는 부름과 하루 다섯 번 바치는 기도는 모두 마호메트(이슬람교를 창시한 아라비아의 예언자)가 하느님의 예언자라는 이슬람의 증언이다. 살라트 동안 반복되는 쿠란의 구절은 "그분은 낳지 않는다. 그분은 태어나지도 않는다."라는 하느님에 대한 선포이다(쿠란 112,3). 그리스도인의 기도는 하느님의 '유일한 아들'이신 예수님의 본성과 그분을 통해 하느님께서 최종적으로 완벽한 계시를 하셨다는 믿음의 고백이다.

  다른 한편, 쿠란(코란)과 이슬람교의 글들, 특히 수피 신비교의 글들은 다른 이들이 어떻게 하느님의 말씀을 듣고 응답하는지를 탐색하는 그리스도인들의 영성 생활에 풍요로움을 준다. 그리스도인과 모슬렘은 확실히 함께 기도할 수 있다. 특히 서로 상대방의 기도의 형태를 존중하면서 두 종교 사이의 모임을 위해 준비된 기도를 같이 사용할 수 있다.

84. 서로 다른 신앙을 가진 사람들이 실제로 함께 기도할 수 있을까?

교황 요한 바오로 2세는 모두 함께 기도할 수 있다고 생각했다. 1986년 10월 27일 교황은 세계 평화를 위한 기도회를 위해서 세계의 모든 대종교와 종파의 지도자들을 이탈리아의 아시시로 초대했다. 성 프란치스코가 복원한 포르치운콜라 경당이 보존되어 있는 대성당에서 종교 역사상 가장 유명한 사건인 기도회가 진행되었다. 각 종교마다 고유의 방식으로 기도를 드린 다음, 나란히 서서 침묵 중에 세계의 평화를 위해 함께 기도했다.[20]

몇몇 가톨릭 신자들과 다른 교파의 그리스도인들은 구세주 예수 그리스도에 대한 신앙의 독특함을 이 공동 기도회가 위태롭게 만들었다고 교황 요한 바오로 2세를 비난했다. 그러나 교황은 그리스도교의 가장 중요한 기본 교의에 대해서 어떤 식으로도 양보하거나 타협하지 않았다. 교황은 다만 다른 이들의 신앙의 여정과 영성적 정체성을 존중하고, 평화와 품위를 갖춘 세계 문화를 건설하기 위해서는 서로 존경과 이해가 중요하다는 점을 강조했다.

가톨릭 신자나 다른 그리스도인도 때때로 이처럼 다른 종교의 신자들과 함께 기도할 수 있다. 즉 서로 다른 전통과 가르침을 인정하고, 하느님의 현존과 그분께서 우리 모두를 소중히 여기신다는 것을 기억하며 함께 기도할 수 있다. 제2차 바티칸 공의회는 로마 가톨릭 신자와 모든 그리스도인들이 다른 종교의 신자들과 대화하고 협력해야 한다고 권고했다. "그리스도교 신앙과 생활을 증언하는 한편, 다른 종교인들의 정신적 도덕적 자산과 사회 문화적 가치를 인정하고 보호하며 증진하도록 모든 자녀에게 권고한다."[21]

6부
기도하려는 노력

인간이면 누구나 기도가 가능한가!

85. 신앙에 대해서, 하느님에 대해서 의혹을 품고 있는데, 기도할 수 있을까?

물론 기도할 수 있다. 모든 신자는 살아가는 동안에 때때로 신앙에 대한 의혹을 갖게 된다. 하느님의 존재에 대해서 질문을 할 때도 있다. 신앙의 여정은 여러 상황을 경험한다. 분명하고 확실한 신앙의 높은 산길을 지날 때가 있는가 하면, 의혹 속에서 혼란에 빠져 방향 감각을 잃는 안개 속을 지날 때도 있다. 신학자 폴 틸리히 Paul Tillich는 의혹은 "신앙의 본질적인 요소"라고 했다.[22] 의혹은 신앙의 반대가 아니다. 의혹은 신앙을 보완한다. 예수님께 "저는 믿습니다. 믿음이 없는 저를 도와주십시오."(마르 9,24)라고 기도했던 그리스도인처럼 우리도 의혹을 기도로 가져올 수 있다.

신앙은 부활하신 주님, 구세주 예수님께 대한 믿음처럼 단지 신자가 받아들이고 인정하는 종교적 신념만이 아니다. 신앙은 신중하게, 독특한 태도로 아는 것이다. 이성의 삼단 논법이나 과학의 실증적 입증만을 근거로 하는 지식과는 다르다. 신앙은 우리 삶의 사건들을 받아들이는 방식이고, 인간 역사의 과정을 이해하는 접근법이다. 즉 인간 역사의 과정이 지닌 본래의 고유한 의미와 목적을 이해하는 것이다. 신앙은 우리가 체험한 것을 이해하고 해석하는 과정 가운데 하느님의 계시를 기대하며 열린 마음으로 받아들이는 합리적 태도이다.

신앙은 예상외의 것에 사로잡히는 주의력과 초월자를 기쁘게 하려는 지향을 가지고 있어서, 그 자체의 본성상 의심을 동반한다. 신앙은 또한 인간의 이성이 그 자체의 한계를 의심할 때 그 기능을 가장 잘 행사함을 예상하기 때문에, 그 자체의 본성상 의심을 동반하는 것이다. 우리가 바치는 모든 기도는 신앙의 행위이다. 즉 우리 자신이 만들어 낸 것이 아니라 받아들인 의미에 대해 마음을 완전히 여는 것이기에, 모든 기도는 또한 의심을 하게 되는 기회이기도 하다. 그러므로 의심을 한다고 해도 기도를 할 수 있는 것이다.

86. 불가지론자가 기도할 수 있을까?

불가지론자agnostic는 궁극적인 것에 대한 질문에 "우리는 모른다."(그리스어 a-gnosis의 뜻)라고 대답할 수밖에 없다고 믿는 사람이다. 신자는 신앙과 의심을 헌신적인 생활 속으로 통합하지만, 불가지론자는 의심을 키우면서 종교적 헌신을 하지 않는다. 존 헨리 뉴먼 추기경이 썼듯이, 신앙 문제에 있어서는 신자도 불가지론자도 확실성을 가질 수 없다. 즉 어떤 의심도 있을 수 없는 절대적으로 증명된 지식이라는 확실성은 없다. 하지만 신자는 의심이 있음에도 불구하고 신앙과 사랑의 헌신을 할 만큼 충분한 확신을 가진다.

이 책 전체에서 살펴본 기도의 정의로 본다면 어떤 의미에서 불가지론자는 기도하지 않을 것이라는 결론이 나온다. 하지만 불가지론자도 신성한 어떤 존재가 들을지도 모른다는 희미한 희망을 가지고 시험 삼아 마음과 정신을 들어 올릴 수 있다. 또는 다른 사람이나 세상을 위한 좋은 것을 찾으며 은밀한 시선으로 흘깃 하늘을 볼 수도 있다. 그러나 이런 일시적인 잠정적 기도는 혹시나 하는 의심을 가지면서도 열렬히 드리는 신자의 간청과는 다른 것이다. 신자 개개인이 지닌 거룩하신 분께 대한 헌신이 바로 그 차이점이다.

불가지론이 평생의 선택이 될 수도 있고 일생의 한 여정으로서 영적 의문과 탐구의 보다 복잡한 기간일 수도 있다. 그러므로 불가지론자가 기도를 할 수 있는지 없는지 알려면 먼저 각 개인의 품위와 살아온 여정을 존중해야 하며, 또한 어떤 사람의 일생이나 정체성을 '신자'나 '불가지론자'라는 범주로 나누어 완전히 파악할 수 없음을 기억해야 한다.

87. 무신론자가 기도할 수 있을까?

무신론자atheist는 하느님이 존재하느냐는 질문에 "하느님은 없다."(그리스어로 a-theos)라고 부정적으로 답하는 사람이다. 신자들이 의혹을 품듯이 무신론자도 하느님은 존재하지 않는다는 확신에 대해서 의심을 품을 때도 있다. 그러나 무신론자는 우주 안에 어떤 초월적 의미나 운명은 없다고 단언한다. 이 확신은 이성적 설득력과 실증의 힘을 근거로 한다. 확실한 증거가 없는 하느님에 대한 믿음은 비이성적이고 비합리적으로 보는 것이다.

무신론자는 우리가 기도라고 부르는 개인의 신앙 행위에 대해서는 관심도 갖지 않는다. 그런데 앞서 경고했듯이, 철학적

용어나 종교적 범주만으로는 어떤 개인의 핵심을 완전히 파악할 수 없다. 또한 무신론은 평생의 선택일 수도 있고, 인생의 여정에서 순례의 한때일 수도 있다.

88. 하느님께 화가 나 있을 때도 기도할 수 있을까?

히브리인들의 위대한 기도로 알려진 시편을 보면 '분노'라는 명사가 25번, '분노하다'라는 형용사가 11번 나타나는데, 거의 유다인들에게 분노하신 하느님 또는 유다인들에게 해를 끼친 이들에게 분노하신 하느님에 대한 언급이다. "끝끝내 저희에게 진노하시렵니까? 당신 분노를 대대로 뻗히시렵니까?"(시편 85,6) 유다인들은 하느님께서 그들의 원수에게 진노하시기를 기도했다(시편 69,25; 목소리에서도 노여움이 느껴진다). 욥의 이야기에서도 하느님의 분노라는 주제가 되풀이해서 나타난다. 욥 스스로도 계속해서 자신의 고통을 합리화하려고 애쓰는 세 친구에게 분노한다.

신약 성경은 예수님이 예루살렘 성전에서 물건을 사고팔며 신성 모독 행위를 하는 사람들에게 화를 내신 모습을 보여 준다. "나의 집은 기도의 집이라 불릴 것이다."(마태 21,13; 마르

11,17; 루카 19,46) 예수님은 또한 사람들을 동정하기보다 법의 준수를 우선한 이들에게 화를 내셨다(마르 3,5; 요한 7,23). 그분의 비유 이야기들은 자주 화가 난 사람들의 이야기이다(마태 18,34; 루카 14,21; 15,28).

유다인들은 하느님의 정의로운 분노라는 개념을 좋아했고, 기도할 때 이점에 대해서 이야기하는 것을 두려워하지 않았다. 예수님은 하느님의 사랑에 대해서 자주 이야기하셨고, 가끔 당신 자신의 분노를 드러내셨다. 분노는 삶의 정상적인 부분이고, 하느님의 성경적 이미지도 분노를 하느님의 정서로 묘사하고 있다. 우리는 분노를 기도에 가져올 수 있다. 우리 마음과 정신 속에 가득 넘쳐나는 생각이나 느낌과 함께 분노도 하느님께 들어 올릴 수 있다. 분노는 상실·인권 침해·불의에 대한 정상적인 반응이며, 시편 전체에 흐르는 주제이다. 정의로운 분노는 우리가 그것을 바로잡기 위해서 행동하게 하고 기도하게 만든다.

하지만 때로는 우리에게 일어난 일에 대한 감정을 가라앉히지 못하고 분노에 빠지는 유혹에서 벗어나게 해 달라고, 분노에서 해방시켜 달라고 하느님께 청한다. 해결책 없이 분노가 집요하게 계속될 때, 격렬한 분노를 폭풍의 눈이라는 벽 속에 가두어 버릴 때, 계산된 적대감이나 비통함을 일상생활에서 표출할 때 분노는 우리의 기도 속으로 들어올 수 있다. 이 분노는 마음과 정신을 하느님께로 들어 올릴 수 없을 정도로 우리를 짓누를 수 있다. 어떤 사람들은 자신의 고질적인 분노를 하느님께 고착시킨다. 그렇게 되면 그 분노는 하느님과의 관계를 단절시킨다. 즉 자신에게 일어난 나쁜 일이나 해로운 일을 모두 하느님의 탓으로 돌려 버리는 것이다. 이런 경우에 분노는 기도를 방해하는 장벽이 된다.

분노는 우리 생활 구석구석에 스며들어 있는, 정상적인 부분이므로 성경 여기저기에서 분출된다. 성경은 인간의 생활과 역사에 관여하시는 하느님의 이야기이다. 따라서 분노는 우리의 기도 속으로도 침투한다. 분노는 가족 관계나 교우 관계에서 중요한 인자가 된다. 또한 그것은 결국 하느님과 우리 관계의 일부분이 될 것이다. 우리의 영성 생활의 목표는 분노를 피하는 것이 아니라, 오히려 분노를 지혜롭고 이치에 맞으면서도 신중하게 다루는 것이다.

89. 악한 이들이 잘못되게 해 달라고 기도해도 될까?

앞서 말했듯이, 성경에는 하느님의 백성에게 일어난 일들에 대한 시편 저자들의 분노가 복수를 청하는 기도로 분출되는 구절들이 있다. 깜짝 놀랄 만한 예가 시편 137편에 있다. 예루살렘과 성전이 파괴되고 수천 명의 유다인들이 잔인하게 학살되었으며 나머지는 바빌론으로 추방되었다. 이 시편은 추방된 이들의 크나큰 고통과 상실을 표현하고, 하느님께 바빌론의 젖먹이들을 바위에 메어치는 이들을 행복하게 축복해 달라고 요청하며 끝난다(시편 137,9). 얼마나 잔인한가!

산상 설교에서 예수님의 가르침은 이와는 대조된다. "'네 이웃을 사랑해야 한다. 그리고 네 원수를 미워해야 한다.'고 이르신 말씀을 너희는 들었다. 그러나 나는 너희에게 말한다. 너희는 원수를 사랑하여라. 그리고 너희를 박해하는 자들을 위하여 기도하여라. 그래야 너희가 하늘에 계신 너희 아버지의 자녀가 될 수 있다. 그분께서는 악인에게나 선인에게나 당신의 해가 떠오르게 하시고, 의로운 이에게나 불의한 이에게나 비를 내려 주신다."(마태 5,43-45) 사도 바오로는 다음과 같이 충고한다. "사랑하는 여러분, 스스로 복수할 생각을 하지 말고 하느님의 진노에 맡기십시오. 성경에서도 '복수는 내가 할 일, 내가 보복하리라.' 하고 주님께서 말씀하십니다. 오히려 '그대의 원수가 주리거든 먹을 것을 주고, 목말라하거든 마실 것을 주십시오. 그렇게 하는 것은 그대가 숯불을 그의 머리에 놓는 셈입니다.'"

(로마 12,19-20)

우리는 기도 중에 분노를 표출할 수도 있고, 하느님과 대화하며 느끼는 대로 정직하게 표현할 수도 있는 한편, 주님의 기도에서 우리에게 잘못한 이를 용서하듯이 우리 죄를 용서해 달라고 기도한다. 기도는 우리의 억울함과 복수하고 싶은 마음을 초월해, 용서와 화해를 향하여 하느님의 은총과 선한 시간 속에서 움직이는 기회가 된다.

90. 육체적으로나 정신적으로 병을 앓고 있어서 기도할 만큼 오랫동안 집중할 수 없다면 어떻게 해야 할까?

시카고의 베르나르딘 추기경은 마지막 저서 「평화의 선물」에서 자신이 병을 앓고 있을 때 가장 힘들었던 것은 너무 아파서 기도할 수 없었던 것이었다고 썼다. 심한 육체적 고통과 고열, 불안과 우울은 우리가 일상적으로 하던 기도를 어렵게 만들거나 할 수 없게 만든다.

앞서 신심 깊은 봉헌으로서의 희생은 마음과 정신을 하느님께로 올려 드리고 싶은 우리의 열망을 상징한다는 이야기를 했다(질문 29). 그런 맥락에서 우리는 자신의 존재 깊이 들어갈 수 없거나 하느님께 집중할 수 없게 만드는 육체적 또는 정신적 고통 자체를 희생 제사와 같은 기도로 하느님께 봉헌할 수 있다. 모든 것을 알고 계시는 하느님께서는 그 희생을 찬양의 저녁 기도로 받아 주신다(시편 141,2).

91. 정신적인 장애가 있는 사람은 어떠한가?

정신적 장애가 있는 아이와 그 가족은 기도 생활을 통해 삶의 힘을 얻거나 그들이 속한 믿음의 공동체 속에서 삶을 지탱해 나간다. 부모는 자기들이 할 수 있는 만큼 서서히 아이를 인도하여 기도하기를 가르칠 수 있다. 정신과 마음을 하느님께로 들어 올리는 것, 하느님께 좋은 것을 청하는 것이 기도라는 간단한 정의는 여기서 큰 도움이 될 수 있다. 선천적으로 정신적 장애가 있는 어린이도 애정 어린 격려와 상호 작용을 이끌어 주는 부모나 돌봐 주는 이들의 정신과 마음을 통해서, 하느님께 자신의 정신과 마음을 들어 올리는 법을 배울 수 있다.

그리스도의 몸에 대한 가르침은 여기서 매우 중요하다. 모든 그리스도인의 기도는 그리스도를 통하여, 그리스도와 함께, 그리스도 안에서, 성령과 하나 되어 하느님 아버지께 드리는 것이다. 그리스도교 공동체의 구성원들은 하느님의 양자이며 양녀이다(에페 1,5). 정신적으로 또는 정서적으로 장애가 있어서 불편함이 있거나 자기 기능을 다하지 못하는 교회의 구성원도 하느님의 양자와 양녀가 되는 데에는 아무런 지장이 없다. 하느님께서는 그들도 모두 품어 안아 주신다. 물론 그들은 다른 사람들이 하느님을 아는 방식으로 하느님을 '알지' 못할 수도 있다(어떠한 하느님 '지식'도 무한히 거룩하신 분의 실제 모습을 포착조차 할 수 없음을 기억해야 한다). 하지만 뇌 손상을 입은 어른들이 그리스도의 몸의 다른 지체들과 함께 살아가듯이 선천적인 장애가 있는 아이들도 하느님의 사랑과 자비를 공유하며 살아간다.

 이미 살펴본 바와 같이 많은 사람들이 시간과 노력을 들여서 기도 생활을 잘하려고 노력하며, 보다 철저한 묵상과 관상을 위해 수련법을 실천하기도 한다. 하지만 지극히 거룩하신 분께 바치는 기도는 모두 동일하다. 즉 교황이나 달라이 라마 같은 거룩한 신비가의 기도라고 해서 부모 품에 안긴 아기의 단순하고 더듬거리는 기도보다 더 귀하지도, 덜 귀하지도 않다는 뜻이다.

92. 알츠하이머병을 앓는 사람도 기도할 수 있을까?

알츠하이머병의 가장 큰 심리적 아픔은 기억을 점차로 잃어버리는 것과 그에 뒤따른 성격의 변화이다. 환자와 사랑하는 이들 모두 그로 인하여 고통을 받는다. 급격한 기억 감퇴로 인해 점차 자아를 잃어버리게 된다. 자아의식은 기억의 복잡한 양식과 우리가 일생 동안 쌓아 온 모든 것이 밀접하게 결합된 것이다. 그래서 사랑하는 사람이 알츠하이머병에 걸리는 경험을 해 본 사람들은 육체적 죽음 훨씬 이전에 이미 사랑하는 사람을 잃게 된다고 말한다.

알츠하이머병 환자를 돌보는 사람이라면 무엇보다도 하느님께서는 어떤 것도 잊지 않는 분이심을 기억해야 한다. 우리가 하느님에 대해서 알게 된 것, 그분과 맺은 관계는 어느 하나도 잊지 않으시는 하느님(이사 49,15)의 무한하고 한결같은 마음과 정신 속에 빠짐없이 보관되어 있다. 그런데 환자의 병세가 나빠지면서 하느님에 관한 지식이나 그분과 맺은 관계 등 살면서 겪은 모든 사건과 체험이 점점 그의 의식에서 사라지고 해체되는 것처럼 보인다. 이때 환자를 사랑하는 사람들은 자기 삶을 사랑의 희생 제물로 끊임없이 하느님께 봉헌할 수 있다. 하느님께서는 그 희생을 온전히 받아들여 승화시키신다.

이런 의미에서 환자가 기도하는 능력을 점차 잃는다 해도(고통스러운 일이기는 하지만) 달라지는 것은 없다고 말할 수 있다. 환자를 사랑하는 이들의 기도와 보편 교회의 기도, 성령의 기도(로마 8,26-27)가 환자와 하느님과의 관계를 위해서 끊임없이 풍성하게 바쳐지고 있기 때문이다. 그러므로 알츠하이머병이나 그 무엇도 그들을 하느님에게서 떼어 놓을 수 없다(로마 8,38-39).

93. 알코올이나 마약 중독자들도 기도할 수 있을까?

중독은 육체적·심리적·사회적·영적 요소들이 복합적으로 상호 작용하는 상태이다. 중독 자체가 하느님과의 관계를 막는 것도 아니고, 하느님의 은총이 중독자를 멈춰 세울 수 있는 것도 아니다. 중독자는 자신의 중독 상태를 인정하고, 그 사실을 받아들여야 한다. 그런 다음 중독 문제를 다루기 시작하면 하느님의 은총이 온전한 자기 삶의 여정으로 돌아오게 만들었다는 것을 증언하게 될 것이다.

중독자가 극심한 중독 상태에서 헤어나지 못하는 동안에는 원래 그 사람의 실체나 생활 양식, 능력이 굉장히 제한된다. 중독자는 무엇인지는 모르지만 영혼의 중심에 있는 거대한 심연을 채우려 하고 마음과 정신은 계속 산만하다. 하느님과의 대화도 다른 이들과의 대화처럼 방해를 받는다. 중독자에게 기도가 불가능한 것은 아니지만, 중독의 본성이야말로 곤경 속에서 하느님 은총의 역할을 강조한다.

중독의 치유는 대부분 영적 요소를 포함한다. 온전한 삶으로 돌아온 중독자의 체험에는 하느님의 지속적이고 한결같은 현존에 대한 자각이 포함될 때가 많다. 하느님께서는 우리 안에 항상 함께 계셨고 지금도 그리고 앞으로도 계실 것이다. 자신의 생활 속에서 하느님의 끝없는 사랑의 이끄심을 발견한다면 그것은 회복되고 있다는 뜻이다. 그러므로 중독에서 회복되기 위해서는 하느님께서 주시는 무한한 사랑과 은총에 응답하는 기도를 해야 한다.

7부
기도에 투신하기

94. '기도에 투신하기'란 무슨 뜻일까?

　기도는 하느님과 우리 관계의 표현이다. 이 관계는 지속적일 수도 있고 일시적일 수도 있다. 우리는 스스로의 행동으로 곤경에 처할 수도 있고, 다른 사람의 행동 때문에 고통을 당할 때도 있다. 이런 때 하느님께서는 우리 삶의 한 부분이 되어 주신다. 우리는 하느님께 도움과 보상을 청한다. 인간관계에서도 마찬가지로 주변 사람들에게 도움을 청할 때가 있다. 그런데 그것이 언제나 잘한 결정은 아니다. 그 대상이 하느님이든 오랜 친구든, 또는 가족 중 한 사람이든 그러한 관계는 한시적이기 때문이다.

　어쩌면 우리는 하느님과 관습적으로 특별한 생각 없이 관계를 맺고 있는지도 모른다. 마치 예정된 시간과 장소에서 친구나 가족을 만나듯이 그분을 만나고 있다는 뜻이다(어린 시절에 주일마다 할머니 할아버지 댁을 방문하듯이, 또는 토요일 아침에 친구들을 만나 브런치를 즐기듯이). 우리는 일주일에 한 번 혼자 또는 신자들과 함께 기도를 한다. 물론 이것이 나쁜 것은 아니다. 매일매일 의미와 목적, 바쁜 한 주간을 보내고 매주 한 번 하느님이나 가족, 친구를 방문하는 일이 생활의 중요한 부분이 될 수도 있다.

기도에 투신한다는 것은 곧 자기 삶 속에서 규칙적으로 기도하겠다는 뜻이다. 주일 미사가 좋은 시작점이 될 수 있다. 또는 일상의 일부로 정해 놓고 잠자리에 들기 전이나 하루의 일을 시작하기에 앞서 기도할 수 있다. 기도에 투신한다는 것은 만사를 제쳐 놓고 하느님을 만나러 가기 위해서 삶의 여정 가운데 자리를 만들고 다른 여러 가지 일과 중에 시간을 할애한다는 뜻이다.

기도에 투신한다는 것은 가끔 또는 편한 때만 영성 생활을 하는 것이 아니라, 각자 나름의 고유한 방식으로 긴 여정을 시작하는 것이다. 이 여행은 자기 자신과 삶을 변화시킬 것이다. 길을 가다 보면 피곤할 때도 있고 의지가 약해질 때도 있을 것이다. 기도를 통해 활기를 얻어 확신을 가지고 달릴 때가 있는가 하면, 길을 잃고 헤매면서 애초에 왜 시작했을까 하는 회의도 들 것이다. 모든 관계 맺음이 그러하듯이, 기도에 투신하는 것 역시 어려운 시기들을 견디면서 지속되어야 한다. 규칙적인 기도 생활은 우리를 평탄한 길로 인도하기도 하고 거친 길로 인도하기도 한다.

필요에 따라 자극을 받아서 가끔 하는 기도와 하느님과 헌신적 관계를 맺는 기도에는 차이가 있다. 도덕적 우월성이나 영적 우위성에 관한 말이 아니다. 이것은 투신의 문제이다. 존재와 존재의 관계 맺음은 얼마나 투신하느냐에 따라서 체험과 통찰, 친밀감과 기대치가 달라진다. 마찬가지로, 규칙적인 기도는 한 사람의 생활을 변화시킨다.

95. 기도를 한 지 너무 오래되었는데 어떻게 다시 시작할 수 있을까?

기도는 짧고 단순하게 해야 한다. 복잡한 형식이나 거창한 준비는 기도를 계속하기 어렵게 만든다. 하루를 시작할 때나 마칠 때 간단한 기도를 하고, 그런 방식을 계속 유지하는 것이 좋다. 하느님의 현존을 기억하기 위해서 하루를 보내며 잠깐씩 틈을 내어 조용한 곳을 찾는다. 성경에서 특별한 구절을 골라 하루 동안 몇 차례 반복하는 사람도 있고, "주 예수님, 저에게 자비를 베푸소서."라고 하거나 "오, 주님, 당신께 감사하며 당신을 찬양합니다."라고 기도하는 사람도 있다.

시간이 지나면 같은 식의 기도를 좀 더 많이 해야겠다고 다짐할 수도 있고, 시편 구절로 바치는 기도 또는 성모님이나 성인들에 대한 신심 기도 등이 하고 싶어지기도 한다. 그것은 하느님의 은총이 점차 우리 영성의 항해를 좀 더 깊은 바다로 인도하시기 때문이다. 사람들과 대화를 할 때는 대답할 말을 알기 위해서 또는 대화의 방향을 잡기 위해서 상대방의 말을 잘 경청한다. 우리는 기도 중에 하느님과 대화하며, 그때 그분께서 우리를 인도하시고 방향을 제시하신다. 우리는 다만 자기 자신을 열고 기다리기만 하면 된다.

96. 부도덕한 생활을 하고 있는데도 기도할 수 있을까?

당연히 기도할 수 있다. 하느님은 모든 사람에게 은총을 주신다. 하느님께서는 '길 잃은 이'들을 더 많이 생각하신다. "너희는 어떻게 생각하느냐? 어떤 사람에게 양 백 마리가 있는데 그 가운데 한 마리가 길을 잃으면, 아흔아홉 마리를 산에 남겨 둔 채 길 잃은 양을 찾아 나서지 않느냐? 그가 양을 찾게 되면, 내가 진실로 너희에게 말하는데, 길을 잃지 않은 아흔아홉 마

리보다 그 한 마리를 두고 더 기뻐한다."(마태 18,12-13)

 죄를 지으며 살다가 하느님께로 돌아올 때, 기도는 그렇게 힘이 드는 순종의 길이 아니다. 하느님께서는, 죄인이 걸어올 길을 찾기 쉽도록 미리 환한 빛을 밝혀 놓으시고 죄인을 안아서 튼튼한 당신의 어깨 위에 들어 올려 주신다. 기도는 죄인의 기쁨에 찬 응답이다. 이 질문 자체가 벌써 하느님께서 우리가 있는 바로 그곳에서 우리를 만나셨다는 증거이다. 기도는 우리가 속한 본래 자리로 다시 돌아올 수 있도록 그분께 청하는 것이며, 또한 감사하는 것이다.

97. 기도에 관해 개인적으로 다른 사람에게 말하는 것은 도움이 될까?

 도움이 된다. 특히 자신이 그렇게 느낀다면 도움이 된다. 기도는 매우 개인적인 체험이지만, 대부분의 종교에서 신앙은 단순히 개인만의 것이 아니다. 유다교, 그리스도교와 이슬람교에서는 분명히 신앙 공동체의 역할이 종교 체험의 중심이다. 우리는 믿음과 희망과 사랑의 생활에서 서로 도우라는 부르심을 받았다. "그리스도의 말씀이 여러분 가운데에 풍성히 머무르게 하십시오. 지혜를 다하여 서로 가르치고 타이르십시오. 감사하는 마음으로 하느님께 시편과 찬미가와 영가를 불러 드리십시오."(콜로 3,16)

우리는 헌신적인 기도 생활을 하는 공동체의 구성원들에게서 배울 수 있다. 많은 사제나 목사, 봉사자와 평신도들이 신학과 기도 생활을 공부했다. 그들은 기도 생활에 대해 배우고자 하는 사람들 또는 스스로의 기도 체험을 이해하기 위해 도움을 필요로 하는 이들에게 큰 힘이 되어 줄 수 있다. 그러므로 좀 더 깊은 기도 생활을 원하면 영적 지도자에게서 큰 도움을 받을 수 있다.

98. 영적 지도자란 무엇인가?

'영적 지도자'는 기도와 신앙생활에서 우리를 도와주며 영적 여정을 함께하는 사람이다. 영적 지도자는 신학을 공부한 사람, 기도 생활에 헌신하는 사람으로 다른 이들이 자기 삶 속에서 신성한 차원들을 발견하고 표현하도록 도와줄 수 있는 사람이다. 영적 지도자는 사제일 수도 있고 수도자일 수도 있고 평신도일 수도 있다. 영적 지도는 가톨릭교회에서 아주 오래된 전통이며, 현대에 들어서는 개신교 신자들 사이에서도 점점 증가하고 있다.

영적 지도자는 의뢰인이 정서적 문제와 행동 문제들을 벗어나 성장하도록 인도하기 위해서 훈련을 받은 심리적 또는 사목적 상담원(카운슬러)이 아니다. 영적 지도의 초점은 사람들이 생활의 사건들과 자신의 영혼 깊은 곳에서 하느님의 현존과 권능에 응답하도록 도와주는 데 있으며, 본당 사제나 목사가 영적 지도자를 찾도록 도움을 줄 수 있다.

99. 매일 기도하다 보면 그것이 의미 없는 습관이 되는 것은 아닐까?

물론 습관이 된다. 하지만 습관이 무엇인지 한 번 생각해 보자. 어떤 활동이나 행동을 정기적으로 반복할 때 그 행동이나 활동에 우리는 익숙해지고 점점 능숙해진다. 처음에는 집중력과 많은 주의가 필요하고 어렵던 것이 점차 자신의 일부가 되고 몸에 밴 방식이 된다. 누구나 좋은 습관도 가지고 있고 나쁜 습관도 가지고 있다. 의식적인 노력과 규칙적인 실천을 통해서 발전시킨 것을 생각하고 느끼고 선택하는 습관에 의해서 우리의 일상생활은 변화되고 형성된다.

　달리는 습관에 대해서 한 번 생각해 보자. 육체적 운동을 생활의 규칙적인 부분으로 만들려고 할 때 우리는 그것을 매일 또는 주간의 일정 속에 포함시켜야 한다. 달리기를 하기 위해서 처음에는 몇 가지 사전 숙고를 하고 계획을 세워야 한다. 달리면서 들을 음악을 선택하고, 달리기 전후에 스트레칭을 해야 하며, 달리기에 적합한 신발을 준비해야 한다. 또한 그날의 기온을 살펴야 하고, 달리기 직전이나 직후에는 음식을 먹지 말아야 한다. 스스로의 결정을 계속 지켜 나가다 보면 세부적인 사항들에 정신을 집중하고 준비하는 데 점차 에너지를 덜 쓰게 된다. 그리고 그런 것들은 어느새 우리의 제2 본성이 되어 거의 생각하지 않고도 달릴 수 있게 된다. 달리는 습관을 발전시킨 것이다. 달리기를 생활의 규칙적인 부분으로 만들기 위해서 필요했던 여러 가지 세부 사항들이 습관이 된 것이다. 그 결과 우리는 최소한의 신경만 쓰고도 달리기가 주는 모든 유익함을 누리게 된다.

　이처럼 기도도 좋은 습관이 될 수 있다. 시간과 장소를 선택해서 휴대폰을 꺼 놓고 정신과 마음과 몸을 조용히 가라앉히고, 기도의 지향을 다짐하며 성경이나 영적 독서의 한 구절을 선택하고, 기도 속으로 쉽게 들어갈 수 있는 자세를 취하는 것

등이 모두 우리가 어떤 사람이고 어떻게 사는지를 말해 주는 우리의 본성이 된다. 기도가 우리의 제2 본성이 되어서 우리가 하루를 어떻게 사는지, 무엇을 느끼고 생각하는지, 어떻게 결정하고 선택하는지 등이 모두 통합되는 것이다. 기도하는 습관은 기도하는 미덕으로 발전하여 우리의 성격과 본성의 매우 중요한 부분이 된다.

하느님의 은총은 기도의 핵심 부분이다. 기도로 들어가는 첫걸음은 우리에 대한 하느님의 사랑에 응답하는 것이다. 은총은 점차 우리 기도의 모든 구성 요소들을 인도하고 형성하며, 기도를 일상 속으로 엮어 넣도록 우리를 도와준다. 우리가 습관적으로 기도를 하게 된 후에도 은총은 기도의 모든 면을 이끌어 준다. 은총은 우리 정신이 지속적으로 하느님의 능력과 현존에 기울게 하고, 마음이 하느님의 능력과 현존을 향하게 해 준다. 기도가 습관과 미덕이 되었는데도 기도하기가 어렵고 부담스러울 때 은총이 우리를 떠받쳐 준다. 기도를 당연시할 만큼 습관적이 되었을 때도 은총은 새로운 통찰과 미처 생각하지 못한 관점으로 우리를 깜짝 놀라게 하여 기도라는 순례의 길로 계속 나아가게 한다.

100. 기도하기를 계속한다면 나이를 먹으면서 기도 생활도 변할까?

분명 변할 것이다. 기도는 마음과 정신을 하느님께로 들어 올리고 좋은 것을 하느님께 청하는 것이다. 삶을 살아가는 동안 우리의 마음과 정신은 변화한다. 새로운 배움이 계속되고 그에 따라 사고방식이 변하고 시각도 달라진다. 생활의 즐거움이나 슬픔으로 마음도 변한다. 경험을 많이 하고 나이가 들면 각자가 필요로 하는 것들을 다양한 방식으로 평가하고, 우선순위가 바뀌고 관심사도 생활 환경을 따라간다. 세월이 흐름에 따라 하느님께로 들어 올리는 것도, 청하는 것도 달라지기 마련이다.

나이를 먹으면 기도의 내용뿐 아니라, 방식도 변한다. 결혼한 지 얼마 안 된 부부를 예로 들어 보자. 이 부부는 세상에서 살기 위해 서로를 지원하려 노력하면서 가정을 돌보며 함께 나이를 먹는다. 그러는 동안 그들이 함께 의논하고, 걱정하고, 상대방에게 요구하는 것들이 달라진다. 결혼한 지 5년이 된 부부와 결혼한 지 30년이 된 부부의 관심사는 전혀 다르다.

달라지는 것이 또 있다. 오랫동안 서로에게 헌신하는 동안 그들 사이의 의사소통 방법이 성장하고 발전한다. 설명하기 위해서 몇 분씩 걸리던 것들이 한두 마디로 다 이해된다. 처음에는 모두 말로 해야 하던 것들이 이제는 흘낏 보거나 조용한 몸짓만 해도 통한다. 초기에는 설명이 필요하던 일들을 어느새 직감적으로 알아듣게 되고 수용하게 되고 포용하게 된다. 이처럼 기도 생활도 말보다 사랑하고 기대하는 침묵으로 채워지게 된다. 나이가 들면서 변하는 것은 기도의 내용뿐이 아니다. 기도하는 방법 자체가 헌신적인 친구나 배우자와의 의사소통처럼 성숙해진다.

기도를 하는 평생 동안 변하는 것이 또 하나 있다. 그것은 우리의 정신 속에 계시고 마음속의 보물이신 하느님의 모습이다. 우리는 항상 하느님의 본모습과 우리가 가진 하느님의 모습에 차이가 있음을 기억해야 한다. 우리가 기도하는 일생 동안 성령의 은총은 우리의 정신과 마음 속속들이 스며들어, 우리가 생각하는 하느님의 모습을 서서히 완전하게 만들고 그분을 이해하는 방식도 점차적으로 완전히 바꾸어 놓는다. 우리가 생각하는 하느님의 모습과 그분에 대한 이해가 발전함에 따라, 우리 자신도 더욱더 영광스럽게 하느님의 모습으로 바뀌어 간다. 이는 하느님의 영께서 이루어 주시는 일이다(2코린 3,18).

101. 성모송은 "이제와 우리 죽을 때에" 성모님께서 우리를 위해 빌어 주시길 요청하며 끝난다. 죽을 때까지 기도 생활에 충실할 것을 어떻게 확신할 수 있을까?

단지 끝까지 충실하도록 기도함으로써 확신할 수 있다. '되찾은 아들의 비유'에 나오는 기다리는 아버지의 모습을 기억해야 한다(루카 15장).

그 아버지는 집 나간 아들이 돌아오기만을 눈이 빠지게 기다린다. 이 비유에서 예수님은 우리에게 갈망하시는 하느님의 모습을 잠깐 보여 준다. 기도 생활을 시작하거나 지속해 나갈 때 우리는 자신의 부족함이나 의혹, 또는 약함을 염려할 필요가 없다. 그 어떤 것도 우리에 대한 하느님의 사랑에서 우리를 떼어 놓을 수 없기 때문이다(로마 8,39).

한편, 이사야 예언서에는 하느님의 어머니 같은 모습도 나온다. "여인이 제 젖먹이를 잊을 수 있느냐? 제 몸에서 난 아기를 가엾이 여기지 않을 수 있느냐? 설령 여인들은 잊는다 하더라도 나는 너를 잊지 않는다."(이사 49,15) 이처럼 아버지 같고 어머니 같은 하느님의 본성은 우리의 이름이 그분의 기억 속에 영원히 남아 있도록 보장해 준다. 이 계약의 확인은 하느님의 어머니이신 마리아의 기도와 함께 우리의 희망이요 구원이다.

구약 성경에 기도에 관한 멋진 이야기가 있다. 이 이야기는 우리가 몇 살이고 어디에 있으며 자기 자신을 어떻게 생각하든지 하느님께서는 언제나 우리를 찾아오시기를 멈추지 않으신다는 것을 상기시켜 준다. 사무엘 상권에 나오는 소년 사무엘은 밤 동안 여러 번 하느님께서 자신에게 말씀하시는 것을 알아듣지 못한다. 자신의 후견인이며 지도자인 사제 엘리가 하느님께서 부르시는 소리라는 것을 확인해 준 다음에야 사무엘은 마침내 "주님, 말씀하십시오. 당신 종이 듣고 있습니다."라고 대답했다(1사무 3,10). 이 이야기는 나이나 환경에 상관없이 기도란 일생을 살면서 여러 가지 방법으로 우리를 끊임없이 부르시는 하느님께 드리는 응답이라는 점을 상기시킨다. 기도에의 충실함은 우리의 미덕이라기보다는 우리를 향한 하느님의 무한한 사랑이다. 그 사랑은 영원히 스러지지 않는다(1코린 13,8.13).

주註

[1] 이 초대 그리스도교 성인들의 저서와 설교, 편지에는 기도의 본질에 대한 숙고가 담겨 있다. *The Confessions of Saint Augustine,* trans. Maria Boulding, OSB(Hyde Park, NY: New City Press, 1994); St. Augustine's *Sermons* 61 and 77B in *The Works of St. Augustine: Sermons III(51-94)*(Hyde Park, NY: New City Press, 1991); Richard Travers Smith, *St. Basil the Great*(Whitefish, MT: Kessinger Publishing, 2003); Andrew Louth, *St. John Damascene: Tradition and Originality in Byzantine Theology*(New York: Oxford University Press, 2004); and *John Climacus: The Ladder of Divine Ascent,* trans. Colm Luibheid and Norman Russell(Mahwah, NJ: Paulist Press, 1982).

[2] 고백록 I, 1, 1.

[3] 가톨릭 교회 교리서, 2699, 2702.

[4] 가톨릭 교회 교리서, 2698.

[5] *Spiritual Exercises* of St. Ignatious, 1. *Ignatius of Loyola: Spiritual Exercises and Selected Works,* The Classics of Western Spirituality series, ed. George E. Ganss, SJ, with the collaboration of Jesuits Parmananda Divarkar, Edward J. Malatesta, and Martin E.

Palmer(Mahwah, NJ: Paulist Press, 1991), 1.
- [6] 가톨릭 교회 교리서, 2565.
- [7] 고백록 III, 6, 11.
- [8] 가톨릭 교회 교리서, 2846-2849.
- [9] 영혼의 성, IV, i, 3; V, iv, 4, 7.(*Teresa of Avila: The Interior Castle,* The Classics of Western Spirituality series, trans. Kieran Kavanaugh, OCD, and Otilio Rodriguez, OCD[Mahwah, NJ: Paulist Press, 1979].)
- [10] 고백록, I, 13, 21.
- [11] Chandogya Upanishad, in *The Upanishads*(London: Penguin Classics, 1965), 63-78.
- [12] 가톨릭 교회 교리서, 2675.
- [13] 가톨릭 교회 교리서, 2683-2684.
- [14] 가톨릭 교회 교리서, 2626-2643.
- [15] 가톨릭 교회 교리서, 335.
- [16] 가톨릭 교회 교리서, 1471-1479.
- [17] 제2차 바티칸 공의회 문헌, 전례 헌장 10항.
- [18] 고백록, IX, 10, 23-26.
- [19] 솔로몬의 가장 아름다운 노래로 알려진 구약 성경의 아가를 보라. 또한 아빌라의 데레사와 빙엔의 힐데가르드의 글을 보라. *Hildegard of Bingen: Scivas,* trans. Mother Columba Hart and Jane

Bishop, introduction by Barbara Newman(Mahwah, NJ: Paulist Press, 1990).

[20] 이 기념비적인 사건에 대해서는 다음을 참고하라.
http://monasticdialog.com/a.php?id=67

[21] 제2차 바티칸 공의회 문헌, 비그리스도교와 교회의 관계에 대한 선언, 2항.

[22] *Dynamics of Faith,* Paul Tillich(New York: Harper and Row, 1957), 26.

용어 해설

관상contemplation : 마음과 정신이 거룩하신 분의 현존으로 가득한 가운데 조용히 단순하게 그 안에 머무는 것. 관상하는 동안에는 여러 가지 사건이나 주제에 대한 묵상을 초월하여 하느님께 대한 사랑의 경배로 들어간다. 관상의 순간은 각자 매일의 기도의 일부가 될 수 있다. 강렬한 관상 체험은 무아경無我境을 수반하기도 한다.

구일 기도novena : 로마 가톨릭교회의 관행으로, 특별한 간구나 전구를 드리기 위해서 9일 동안 계속해서 매일 한 가지 기도나 한 벌의 기도를 바치는 것. 구일 기도의 전통은 예수님의 승천 후 성령 강림 때까지 제자들이 모여 9일 동안 기도하며 지낸 것을 그 기원으로 한다.

그리스도인의 기도
Prayer of Christians : → 시간 전례

기도prayer : 하느님께로 마음과 정신을 들어 올리는 것, 또는 하느님께 좋은 것을 청하는 것.

라마단Ramadan : 이슬람 달력의 아홉 번째 달 한 달 동안 모슬렘들은 금식(해가 뜰 때부터 해가 질 때까지)을 하고, 강도 높은 기도를 하며, 자선하는 일에 관심을 기울이며 지낸다.

만트라mantra : 마음과 정신을 하느님께 집중하도록 기도하는 동안 여러 번 반복해서 외우는 단어나 구절. 소리를 내어서 외울 수도 있고, 침묵 중에 외울 수도 있다. 힌두교와 불교의 묵상 관행에서 많이 사용된다. 동방 교회의 '예수 기도'처럼 그리스도교의 관상 기도에서도 사용된다.

무아경ecstasy : 자기 자신 밖으로 나가는, 또는 자기 자신을 초월하는 체험. 기도 중 무아경은 하느님의 실체를 강렬하게 체험해, 하느님 속으로 몰두하여 잠겨 들어가 자신의 감각을 잃어버리는 것이다. 무아경을 자주 체험하는 사람을 신비가라고 부른다.

묵상meditation : 　마음과 정신을 다하여 성경이나 예수님, 성모 마리아님, 성인들의 생애를 숙고하고, 자신의 생활을 신앙의 빛에 비추어 숙고하는 것. 묵상은 사려 깊은 숙고에서 애정으로 옮겨 간다. 즉 하느님 현존 안에서 숙고하다가 사랑·경배·감사·슬픔·기쁨을 느끼는 상태로 옮겨 간다.

베다Vedas : 　인도 아대륙의 성인과 신비가, 예언자들의 묵상과 가르침. 힌두교의 여러 종파와 신봉자들은 여기에 담겨 있던 수천 개의 기도문들을 사용하고 있다. 가장 오래된 베다 경전은 기원전 1500년경에 기록되었다.

보리(bodhi, 보디) : 　산스크리트어로 '깨어남' 또는 '깨달음'을 뜻한다. 불교에서 이 말은 '고타마' 또는 '깨달은 사람' 곧 부처가 성취한 깨달음의 상태, 행복한 상태를 가리킨다. 이것이 불교 신자의 목표이다. 일단 깨달음을 성취하면 욕망과 욕망으로 인한 고통에서 자유로워진다.

산드야sandhya : 　하루에 세 번 있는 연결점(산드야)에 바치는 힌두

용어 해설 | 177

교도들의 기도. 밤에서 아침으로, 오전에서 오후로, 저녁에서 밤으로 연결되는 하루의 세 번의 연결점에서 기도한다. 각 산드야마다 고대 베다 경전에서 가져온 성스러운 가야트리 찬가 만트라를 기도한다.

살라트Salat : '기도하러 오라'는 부름에 응답하여 이슬람교도들이 하루에 다섯 번 드리는 기도. 해가 뜨기 직전, 정오, 늦은 오후, 해가 진 직후, 잠자기 전에 바친다. 살라트를 바치기 전에 깨끗이 씻는 예절이 있다. 절하기, 엎드리기, 기도하기 등 하느님 앞에 몸과 마음과 영혼을 완전히 복종하는 복잡한 예절로 구성되어 있다.

삼위일체Trinity : 성부(창조자), 성자(구속자), 성령(성화자)으로 삼위이시며 한 분이신 하느님에 대한 믿음으로, 그리스도교의 교의이다. 삼위일체에 대한 신앙은 하느님의 아들이신 예수님과 성령의 선물에 대한 신약 성경의 신앙에서 생겼다. 이 교의는 그리스도교 초기 교회 때 교리로 발전했고 그리스도교 기도의 맥락을 이룬다.

성무일도
Divine Office : → 시간 전례

성사sacrament : 그리스도교 전례에서 가장 중요한 의식 절차. 가톨릭교회에는 일곱 개의 성사가 있다(세례성사, 견진성사, 성체성사, 고해성사, 병자성사, 성품성사, 혼인성사).

수피교Sufism : 8세기경 일어났을 것으로 추정되는 이슬람교의 신비주의적 경향의 종파. 수피교의 다양한 가르침과 관행은 여러 가지 영성의 길에 열려 있으면서 신적 사랑과 아름다움을 함양하는 데 초점을 맞춘다.

순례pilgrimage : 성스러운 곳으로 개인이나 단체가 여행하는 것. 여행 도중 숙소나 음식을 준비해 주시는 하느님께 의존한다는 의미에서 기도와 묵상은 순례의 중요한 구성 요소이다.

시간 전례
(Liturgy of the Hours, 성무일도) : 그리스도인의 기도라고도 하며, 하루에 다섯 번 바치는 가톨릭 전례이다. 아침기도, 낮기도, 저녁기도, 끝기도와 하루 중 밤이나 낮에 바칠 수 있는 독서기도로 구성되어 있다. 각 기도는 성경의 시편과 노래와 독서들, 그리고 간청과 전구의

기도로 구성된다. 수도원이나 종교 단체에서는 시간 전례를 보통 노래로 바친다. 모든 그리스도인은 자신의 기도와 신앙을 풍요롭게 하고자 이 기도를 사용하라고 권고와 초대를 받는다.

시편psalms : 구약 성경 또는 히브리 성경의 일부로, 150편의 기도와 찬미가가 수집되어 있다. 다윗 왕이 그 저자로 알려져 있다. 시편은 개인의 신심생활은 물론, 그리스도인의 전례에도 줄곧 사용되어 왔다.

신비가mystic : 묵상과 관상 중에 자주 무아경을 체험하는 신심 깊은 사람.

아잔adhan : 이슬람교의 기도 시간을 알리는 사람muezzin이 하루 다섯 번 '기도하러 오라'고 부르는 노랫소리. 보통 지역 사원의 탑에서 확성기를 사용하여 소리친다. 가정이나 학교에서도 중요한 행사가 있을 때 기도하고 찬양하라는 초대를 한다. 아랍어로 노래하며, '하느님은 위대하시고 찬양받으실 분'이라는 선언으로 시작한다.

아트만-브라만 atman-Brahman :	영혼과 하느님에 대한 힌두교의 가르침에서 사용되는 두 개의 산스크리트 단어이다. 아트만은 각 사람 안에서 존재하는 가장 깊고 지속적인 요소 또는 영혼을 가리키는 단어이다. 브라만은 무한하고 우주적인 하느님 또는 거룩한 분을 뜻하는 옛말이다. 힌두교의 가르침에서 이 두 가지는 결국 하나이며 같은 실체이다. 모든 영혼은 파도가 바닷물에서 나오듯이 하느님에게서 나온다. 힌두교 가르침의 영혼과 하느님의 일치는 유다교와 그리스도교와 이슬람교에서 발견되는 하느님과 영혼 사이의 사랑 관계와는 다르다.
영적 지도자 spiritual director :	다른 사람의 신앙 여정에 동반하며 그의 영적 발견과 성장을 돕는 사제나 수도자 또는 평신도를 가리킨다. 지도자나 교사의 역할을 하는 사람이다.
예배worship :	기도하는 태도와 행동. 특히 개인이나 단체가 공식적으로 또는 종교적 예식 전통을 통해서 경배하고 찬양하고 기도하는 태도와 행동을 뜻한다.
오란스orans :	라틴어 단어로, '기도하기'라는 뜻이다. 오란스는

기도하는 성모님과 성인들, 천사들의 모습을 묘사한 이콘이나 성상, 성화를 가리킨다. 초대 그리스도인들의 기도 자세로, 보통 손바닥을 위로 하고 손을 뻗친 모습이다.

요가|yoga : 하느님 또는 브라만을 체험하는 방법으로, 인도에서 시작된 고대 힌두교의 수덕 관행이다. 요가에는 네 가지 고유의 강조법 및 전통이 있다. 곧 즈나나(jnana, 지식), 박티(bhakti, 하느님 사랑), 카르마(karma, 업보), 라자(raja, 철학)이다. 하타hatha는 육체와 정신의 수련이다.

우상|idol : 종교적 상징이나 공예품이 그것이 나타내는 신적 존재와 동일시된 것. 탈출기에 나오는 유다인들이 사막에서 경배한 금송아지가 성경에서 언급된 최초의 우상이다. 성경은 인간이 만든 공예품은 어떤 모양이든 하나이신 하느님의 참모습을 포착할 수도, 나타낼 수도 없기에 경배와 우상 숭배는 대립됨을 강조한다. 유다교와 이슬람교(특히 수니파)는 우상 숭배의 유혹을 엄격히 경계하고 어떤 종류의 성상도 만드는 것을 금한다. 그리스도교, 특히 가톨릭교회와 정교회는 이콘과 기타 성물들을 합당하게 사용하면 기도에 도움이 된다고 그 가치를 인정한다.

우파니샤드Upanishads :	베다 경전의 일부를 형성하며, 거룩하신 분 또는 브라만의 본성에 대한 묵상이다.
유월절 밤 축제Seder :	하느님께서 유다인들을 이집트 노예 생활에서 해방시켜 주신 것을 기념하기 위해서 유월절의 첫날밤에 거행하는 식사 예절.
은총grace :	그리스도교를 비롯한 종교적 가르침에서 은총이란 사람들의 개인적인 체험과 사회적인 체험 안에서 지속적으로 활동하시는 하느님의 능력과 치유의 현존이다. 그리스도교 가르침에서 하느님의 은총은 나자렛 예수님의 인격 안에서 절정을 이룬다.
의례ritual :	종교 단체의 전통적인 공식 기도나 예절을 위해서 공식화된 일련의 단어와 상징 및 행위를 말한다. 의례의 형식은 가톨릭교회와 정교회 및 몇몇 개신교의 성사와 전례를 특징짓는다.
이콘(icon, 聖畵像) :	그리스도·삼위일체·성모 마리아·성인 등의 초상화를 2차원의 평면으로 그린 동방 교회와

정교회의 특별한 성화들을 가리킨다. 이콘은 그 절묘한 아름다움과 오랜 전통으로 인해 널리 알려졌다. 이콘 화가들은 그림을 시작하기 전에 매우 신중히 단식과 기도의 과정을 거친다. 보통 무명의 화가들이 이콘을 그렸으며, 그 자체가 하나의 기도 행위이다. 이콘의 목적은 그것을 보는 사람들이 하느님의 현존 속으로, 하느님과의 신심 깊은 관계 속으로 들어가도록 하는 데 있다. 그리스도인들은 이콘을 공경하지만, 숭배하지는 않는다. 이콘은 신자들이 하느님을 경배할 때, 동정 마리아와 천사들과 성인들에게 전구를 청할 때 도움이 되는 도구요 상징이다. 787년 2차 니체아 공의회에서는 성상 파괴를 단죄하고 기도와 신앙을 북돋는 성스러운 이콘과 성상을 존중하며 귀하게 간직할 수 있는 신자들의 권리를 확인했다.

카발라
(Kabbalah, 신비주의) : 유다교 내에 있는 신비적 무아경의 전통. 기원은 유럽의 중세 초반의 랍비 학파인 것으로 보인다. 히브리 성경과 그 뒤를 잇는 랍비 문학의 역사에서 신봉자들을 발견할 수 있다. 이 신비

	주의는 유다교의 신앙과 가르침을 통한 하느님의 관상 체험을 강조한다.
쿠란(Qur'an, 코란) :	17세기 초에 23년 동안 예언자 마호메트에게 계시된 하느님의 지침과 지시를 기록한 거룩한 문서. 이슬람교도들은 아랍어 '쿠란'이 곧 하느님의 말씀이라고 숭배한다.
퀴블라 벽quibla :	이슬람교도들이 하루에 다섯 번 기도할 때 메카를 향할 수 있도록 방향을 알려 주기 위해서 만들어 놓은 벽. 여러 가지 전통과 기술을 사용하는 전 세계의 이슬람교도들에 의해서 결정된다.
티베트불교 (Tibetan Buddhism, 라마교) :	티베트와 광활한 히말라야 지역 특유의 불교 가르침과 관행. 티베트불교는 그 정교한 의례와 수도 공동체, 묵상 기술, 신령한 점술, 달라이 라마와 같은 영적 지도자에 대한 헌신적인 사랑으로 유명하며, 전 세계에 퍼져 있다.
푸자puja :	집 또는 사원에서 행하는 힌두교의 제사와 제물.

하느님의 말씀 Word of God :	유다교, 그리스도교, 이슬람교는 하느님께서 예언자와 같은 사람들을 통해서 당신의 뜻을 말씀하시고 계시하신다고 믿는다. 그리스도인들에게 성경은 하느님의 말씀의 기록이다. 하느님의 말씀은 예수님 안에서 육신을 취했고, 성령의 거처인 그분의 제자들을 통해서 인간의 역사 속에서 함께 살아간다.
향심 기도 Centering Prayer :	동방의 사막 수도자들이 사용하던 고대 관행을 가져온 것으로, 그리스도인들이 사용하는 일종의 묵상 방법이다. 사막 수도자들은 거룩한 단어나 구절(만트라)을 반복하는 방법으로 마음과 정신을 하느님께로 들어 올렸다. 이 묵상 방법은 또한 작자 미상의 중세기 저서 「무지의 구름」에서도 추천된 방법이다. 매사추세츠 스펜서의 트라피스트회 성요셉수도원의 수사들은 30여 년 동안 향심 기도를 사람들에게 가르쳤다.
희생 sacrifice :	말 그대로 '거룩하게 만들기'를 뜻한다. 우리가 무언가를 하느님을 위해서 따로 떼어 놓거나 바칠 때 우리는 그것을 거룩하게 만드는 것이다. 즉 희

생으로 바치는 것이다. 희생으로 바쳐진 물건이나 행동은 바치는 사람의 마음과 정신을 하느님께로 들어 올리도록 돕는다. 하느님께 청하는 좋은 것을 상징할 때 그 희생은 기도가 된다.

참고

기도, 묵상, 관상에 대해서 도움이 되는 다른 자료들

- *Centering Prayer and Inner Awakening*, by Cynthia Bourgeault, Cowley, 2004.
- *Centering Prayer: Renewing an Ancient Christian Prayer Form*, by M. Basil Pennington, Image, 1982.
- *Children's Book of Bedtime Blessings*, by Ellen J. Kendig, Paulist Press, 2000.
- *Children's Book of Family Blessings*, by Ellen J. Kendig, Paulist Press, 1999.
- *The Confessions of Saint Augustine*, translated by Maria Boulding, OSB, New City Press, 1994.
- *The Gift of Peace*, by Joseph Cardinal Bernadin, Doubleday(Loyola), 1997.
- *Introduction to the Devout Life*, by Francis de Sales, Vintage(Random House), 2002.
- *Lectio Divina*, by M. Basil Pennington, Crossroad Classic, 1998.

- *Light Within: The Inner Path of Meditation*, by Laurence Freeman, OSB, Crossroad Classic, 1987.
- *Prayer: A History*, by Philip Zaleski and Carol Zaleski, Houghton Mifflin, 2006.
- *Prayer of Heart and Body: Meditation and Yoga as Christian Spiritual Practice*, by Thomas Ryan, Paulist Press, 1995.
- *The Rule of Saint Benedict: A Commentary in Light of World Ascetic Traditions*, by Mayeul de Dreuille, OSB, Paulist Press, 2002.
- *The School of Prayer: An Introduction to the Divine Office for All Christians*, by John Brook, The Liturgical Press, 1991.

도움이 되는 사이트

- Christian meditation and contemplation : www.mediomedia.com
- Mysticism : www.religiousworlds.com/mystic/whoswho.html
- Spiritual direction : www.sdiworld.org
- Science and faith : www.crosscurrents.org/polkinghorne
- *The Catechism of the Catholic Church* and II Vatican Council Documents : www.vatican.va/archive/index.htm